위기관리총서 시리즈

02

위기의
이해와 개입

현장에서의 위기개입워크북

육성필
이윤호
남옥남

박영
story

서 문

　나는 병원에서 수련받은 임상심리학자로서 정신건강서비스 제공자의 역할을 시작했지만 자살을 포함한 다양한 유형의 위기를 접하게 되면서 위기관리에 관심을 갖고 위기와 관련된 다양한 교육, 연구, 프로그램 및 정책개발 등의 노력을 하게 되었다. 그동안 개별적으로 위기에 대한 학문적 관심에 따라 위기에 대한 연구를 하는 경우가 있었지만 개인의 관심에 따라 단편적 일회적인 경우가 많았다. 이로 인해 위기관리를 체계적이고 종합적으로 접근하는 데는 많은 한계가 있었다. 위기의 심각성과 위기관리의 필요성을 절감하고 이러한 한계를 극복하기 위해 대학교에 전공으로 위기관리를 개설하였다. 위기관리전문가를 양성하고 있는 곳은 우리 학교가 세계최초이다. 위기관리전공 교수로서 많은 연구를 하고 전문가양성을 하면서 얻은 교훈 중의 하나는 개인이든 집단이든 평상시 자신의 역량이나 대처범위를 넘어서는 어려움에 노출되면 위기에 처하게 된다는 것이다. 대부분의 사람들은 자신이나 자기 주변에는 위기가 없을 것이라 믿는다. 하지만 위기는 우리들의 의지나 선택 밖의 일이다. 위기관리를 전공하는 나에게는 매일매일이 위기사건으로 넘쳐난다. 이런 나에게 어느 날 일면식도 없는 소방관이 "자살하려는 사람을 포함해서 위기사건이 발생하면 출동하게 되는데 어느 날인가부터 '단순히 현장에 출동해서 구급차에 위기에 처한 사람을 싣고 병원에 데려다 주는 것이 자신이 해야 되는 역할의 다인가? 아니면 위기출동현장에서 자신이 더 해야 되는 일이 있는 것은 아닌가?'"라고 물어왔다. 특히, 현장에 가장 먼저 출동하게 되는 자신이 위기에 처한 사람에게 현장에서 혹은 이송과정에서 무엇을 어떻게 해야 되는지에 대한 지침이 있다면 많은 도움이 될 것 같다는 하소연을 했다. 이 말을 들은 것이 이번에 출판하는 위기관리총서인 "현장에서의 위기개입매뉴얼과 워크북"을 만들겠다는 생각을 하게 한 계기였다. 이전에는 위기개입을 해야 하는 현장의 위기개입자들이 당연히 자신의 역할을 수행하고 있다는 생각만 했지 위기에 처한 사람을 위한 보다 낫고 훨씬 전문적인 서비스를 제공하려는 욕구가 있다는 것을 알지 못했던 것이다. 또한 이들을 위한 전문적 지지나 훈련이 있어야 한나는 생각을 하시 않았다.

　위기개입자 혹은 정신건강서비스제공자는 도움이 필요한 곳에 가장 먼저 출동하여 적절한 서비스를 제공해야 한다. 위기개입자는 현장에서 위기에 처한 사람들의 욕구와 문제의 심각성을 가장 빠르고 정확하게 파악하여 위기에 처한 사람들의 안전과 행복을 최우선으로 확보해야 한다. 실제 위기개입자들이 위기현장에 출동하거나 도움을 요청받았을 때 무엇을 어떻게 해야 하는지 판단이 되지 않아 당황하는 경우가 종종 있다. 또한, 실제 경력이 많고 현장의 베테랑이어서 별 어려움 없이 위기현장에 대한 통제권을 확보하고 위기개입활동을 하고는 있지만 자신들의 위기개입활동이 제대로 된 것인지, 전문적인 것인지에 대한 확신이 없어 힘들어하기도 한다. 하지만 위기현장에서 활동하는 위기개입자가 자신들이 제공하는 서비스에 대한 자신이 없어 하거나 불안해 하면 위기에 처한 사람에게 미치는 부정적인 영향을 엄청나게 크고 생명을 잃게 할 수도 있다. 그러므로 위기개입자들에게는 위기현장에 출동하여 위기에 처한 사람들의 욕구를 빠르게 확인하고 당장의 위기를 해소시킬 수 있는 능력이 요구된다. 이처럼 힘들고 급박한 위기개입현장의 특성을 고려하여 경찰관이나 소방관들에게 정신건강과 도움을 청한 사람들과의 관계형성이나 대화 등에 대한 교육과 훈련을 시킨 후 업무수행을 평가했더니 위기개입을 하는 당사자들의 업무수행에 대한 자신감과 유능감이 증가한 것은 물론 위기개입서비스를 받은 시민, 특히 위기에 처한 사람들의 회복이나 안정감이 훨씬 좋아졌다는 선행연구들이 많다. 이러한 현실과 연구결과를 고려하여 이제는 위기개입자가 현장에서의 위기개입을 보다 전문적이고 체계적으로 할 수 있도록 관심을 갖고 도와주는 것이 필요하다. 지금도 위기현장에서 위기개입서비스를 하고 있는 위기개입자들이 위기개입에 대한 자신감과 자긍심을 갖도록 하는 노력이 요구된다.

저자가 많은 문헌연구, 외국 및 국내의 현장방문, 현장의 실무자와의 만남을 계속하면서 위기현장에 출동한 인력이 가장 초기에 적절한 서비스를 위기에 처한 사람이나 조직에 제공한다면 위기가 더 이상 악화되지 않고 위기가 해소되는 것은 물론 위기를 경험한 사람들이 건강한 일상생활을 영위할 수 있도록 도와줄 수 있을 것이라는 확신을 하게 되었다. 이러한 확신을 바탕으로 현장의 위기개입자들의 위기개입에 대한 전문성과 현장에서의 대응능력을 높이는 데 도움이 될 수 있는 "현장에서의 위기개입매뉴얼과 워크북"을 만들었다.

저자와 동료들이 "현장에서의 위기개입매뉴얼과 워크북"을 만들기 위한 집필위원회를 만들고 작업을 시작했지만 위기의 유형과 현장이 너무 다양하고 각각의 상황에서 필요한 위기개입서비스의 내용과 종류도 많아서 주제를 설정하고 포함되어야 하는 내용을 결정하는 작업자체도 집필진에게는 위기였다. 그중에서도 위기관리의 업무영역과 업무의 한계를 정하는 것이 가장 힘든 일이었다. 일반적으로 정신건강서비스제공 관련전문가들은 위기에 처한 사람들에게 치료나 상담을 제공하는 것을 주요 역할이라고 생각한다. 하지만 실제 위기관리에서는 관리라는 말자체가 의미하듯이 위기에 처한 사람의 위험성과 상태를 빨리 평가하고 확인하여 위기에 처한 사람들에게 가장 필요한 서비스가 제공되도록 도와주는 역할이 가장 중요하다. 다시 말하면 위기관리는 위기개입시 위기에 처한 사람이나 조직의 욕구와 위험성을 가장 먼저 평가하여 위기에 처한 사람들의 물리적 안전을 확보하는 것을 가장 최우선으로 한다. 이러한 위기관리에 의해 일단 위기상황이 안정화된 후 보다 추가적이고 전문적인 서비스가 필요하다면 그때서야 일반적으로 말하는 치료나 상담이 이루어지게 된다. 따라서 위기현장에서 위기개입자에게는 전문적인 상담자의 역할이 아닌 심리적 응급처치자(psychological first aid)로서의 역할이 요구된다. 이와 같은 일반적인 심리서비스와 위기관리의 위기개입서비스의 차이를 반영하여 "현장에서의 위기개입매뉴얼과 워크북"에서는 위기개입자의 의뢰에 의해 전문가에 의한 본격적인 서비스가 제공되기 전까지의 활동을 위기개입자의 역할로 한정하였다. 물론 위기개입자가 전문적인 심리 상담이나 치료까지 할 수 있으면 더욱 이상적일 수 있다. 다시 강조하지만 위기개입현장에서는 본격적인 상담이나 치료를 시작하지 말고 위기에 처한 사람의 현재 상태를 즉각적이고 정확하게 평가하고 필요한 서비스를 확인하는 작업이 우선되어야 한다.

　"현장에서의 위기개입매뉴얼과 워크북"은 3번의 워크숍에서 얻은 참가자와 진행자들의 경험과 충고를 충분히 반영하고 집필위원회의 의견을 종합하여 수정 보완한 내용들로 구성하였다. 수차례의 회의와 고민을 통해 최종적으로 "현장에서의 위기개입매뉴얼과 워크북"은 윤리와 가이드라인, 스트레스, 위기, 자살, 범죄피해, 성폭력과 가정폭력, 재난, 애도, 심리소진 등의 영역으로 구분하였다. 주제와 영역을 나누는 과정에서 가정폭력과 성폭력도 범죄에 해당되어 초기에는 범죄 영역에서 다루려 했지만 가정폭력과 성폭력은 실제 임상장면에서 자주 접하고 점점 증가하고 있어 독립하여 구성하였다. "현장에서의 위기개입매뉴얼과 워크북"은 일반시민들을 위한 책이 아니고 위기현장에서 구호활동이나 위기개입 서비스를 제공하는 경찰관, 소방관, 정신건강관련업무종사자(심리, 사회복지, 간호, 의학, 법률 및 행정 등의 정신건강관련 업무를 수행하는 분)들이 현장에서 직면에게 되는 위기의 내용과 특성에 가장 적합한 면담, 평가, 개입과 의뢰를 가장 효율적으로 수행할 수 있도록 교육하고 훈련시키는 내용으로 구성되어 있다. 이러한 의도를 반영하여 구성한 매뉴얼과 워크북을 적절히 사용하여 교육과 훈련을 받는다면 위기개입자로서 다양한 사건과 현장을 접했을 때 위기에 처한 사람에게 가장 적절하고 효과적인 서비스를 제공했으면 한다. 동시에 이를 통해 위기개입자의 전문성과 능력에 대한 자신감을 갖고 위기개입자들의 정신건강증진에도 도움이 되었으면 한다. 추가로 매뉴얼과 워크북에 제시되는 모든 사례는 교육과 훈련을 위해 구성되었다.

이번의 "현장에서의 위기개입매뉴얼과 워크북" 출판은 우리나라에서는 처음으로 기획하고 추진한 방대한 작업이어서 많은 부담을 느끼고 더 세밀하고 꼼꼼하게 정성을 기울여 자료수집단계부터 교정과 수정과정을 진행하였다. 나름대로 최선을 다하고 도움이 될 수 있도록 노력했지만 부족한 부분도 있을 것이고 오류가 있을 수도 있을 것이다. 이와 관련된 것은 전적으로 책임저자인 나의 몫이다. 사람과 함께 하는 일을 한지 벌써 30년 이상의 시간이 흘렀고 시간이 흐르는 동안 학부생으로서의 나와 지금의 나와는 엄청나게 많이 달라졌다. 하지만 점점 강해져가고 분명해지는 것은 나와 함께 같은 곳을 보고 있는 사람들이 있고 함께 하는 이들의 수고와 노력이 나에게는 가장 큰 자산이고 자원이라는 것이다. 매일매일이 모여서 우리의 삶을 이루지만 우리는 많은 사람들의 도움과 지지를 받고 힘을 얻어 우리는 또 다른 하루를 시작한다. 하지만 우리는 하루를 살아내는 우리와 주변 사람들의 수고와 지지가 있음을 잊고 산다. 힘들고 어려운 일은 어느 날 불현 듯 우리에게 다가온다. 그래서 우리에게는 오늘의 삶, 지금의 삶이 소중하다. 이러한 생각에 기초해서 나는 오늘의 내가 있도록 함께 해준 많은 사람들에 대한 고마움을 지금 전달한다.

"현장에서의 위기개입매뉴얼과 워크북"을 출판하는 과정에서 치열한 고민과 토론을 하면서 같이 고민해 준 워크숍 참가자, 현장의 실무자, 졸업생, 학생들이 있었다. 만약 이들의 헌신과 희생이 없었다면 "현장에서의 위기개입매뉴얼과 워크북"을 출판하는 것은 불가능했을 것이다. 힘들고 어려운 작업임에도 불구하고 위기에 처한 사람들은 물론 위기개입자들에게 조금이라고 도움이 되었으면 하는 마음에 의기투합하고 함께 한 많은 분들에게 진심으로 감사하고 고마움을 전한다.

아직은 사회적으로 큰 전공이 아니어도 위기관리에 관심을 갖고 위기에 처한 사람들을 위해 연구와 실천을 하고 있는 위기관리전공생 여러분들이 있어 행복하고 또 다른 도전을 시작할 수 있는 용기를 주어서 고맙다. 그리고 위기관리에 관심을 갖고 계신 많은 분들께도 고마움을 전달하고 많은 교육, 훈련과 강의 현장에서 나와 만났던 수많은 분들께도 감사드린다.

현장에서의 위기개입매뉴얼 8권, 워크북 8권 총 16권의 위기개입총서의 출판을 기꺼이 허락해주고 지원해주신 박영사의 안종만 대표께 감사드린다. 특히 출판을 전체적으로 조율하고 계속 소통하며 보다 좋은 책이 될 수 있도록 도와주신 노현 이사님과 초고, 재고, 삼고의 어려운 작업과 까다로운 집필진의 요구를 최대로 반영해주시고 바쁜 와중에도 꼼꼼하게 검토해주시고 확인해주신 강민정 선생님께는 너욱 너 깊은 감사의 마음을 선한다. 다시 한번 지금도 위기관리에 관심을 갖고 사람에 대한 진실한 사랑과 믿음으로 묵묵히 연구하고 현장에서 헌신하고 있는 졸업생들과 재학생들이 있어 우리는 외롭지 않을 것이고 우리들이 있어 세상은 더 행복해질 것이라 믿는다.

특별히 지금도 아무도 가지 않은 외롭고 낯선 길을 용기 있게 개척할 수 있도록 전적으로 믿어주고 함께 하며 나를 최고로 알고 지원해준 나의 가족인 이혜선 박사와 두 아들에게는 사랑의 마음과 진심으로 미안하고 고마운 마음을 전한다.

2019년 2월
책임저자 육성필

차 례

위기관리총서 시리즈 2

현장에서의 위기개입워크북

위기의 이해와 개입

위기개입의 윤리와 가이드라인

1. 왜 윤리가 강조돼야 하는가?

최근 우리 사회는 사회 지도층이나 전문가 집단에게 수준 높은 윤리 의식을 요구하고 있다. 특히, 인도주의적 개입이 반드시 필요한 위기사건이 빈번하게 발생하고, 사회적·문화적으로 매우 복합적인 상황이 많아짐에 따라 전문가 집단인 위기개입자들(crisis worker)이 위기개입장면에서 윤리적인 딜레마 상황에 직면하게 되는 경우가 종종 발생한다. 하지만 현재 위기개입에 대한 개념이나 역할 등에 대한 것도 명확하게 정립되어 있는 않은 것은 물론 위기개입자들이 직면하게 되는 각 위기상황을 해결하기 위해 참고하거나 규제할 법률이나 규칙이 구체적으로 마련돼 있지 않은 상태이다. 이로 인해 위기개입자가 위기현장에서 위기개입시 반드시 최소한으로 지켜야 할 기본적인 윤리 원칙을 갖추고, 이를 위기개입과정에서 적용할 수 있도록 하는 것이 매우 필요하다.

현재 위기개입에 관심을 갖고 참여하는 전문가들의 대부분이 전문상담자들, 혹은 상담 교육을 받은 자원봉사자들이기 때문에 윤리적 문제에 대한 고려나 심사숙고는 충분히 강조해도 부족하지 않을 것이다. 이러한 현실을 반영하여 최근 우리 사회에서도 저명한 정신분석가에게 상담을 받고 있었던

여성 내담자들 중 1명이 상담자를 성폭행범으로 고소하는 사건, 상담자의 여성 내담자 대상 성추행 사건 등 정신건강전문가와 관련된 문제로 인해 상담 서비스와 관련된 일탈로 인해 사회적인 문제를 야기하기도 하였다. 이러한 문제의 심각성을 반영하여 상담자-내담자 간 지배·피지배 관계에 빠질 수밖에 없는 상담 현장을 다루면서 상담자의 철저한 윤리 의식을 강조하는 분위기가 조성되기도 했다. 상담자의 윤리는 매우 철저하게 교육이 되고, 현장에서도 반드시 지켜야만 한다. 하지만 비윤리적 상담에 대한 문제가 끊임없이 제기되고 있으며, 상담 관련 소송 및 제소 건수가 증가하고 있다.

　정신건강서비스 영역에서 문제들이 발생하고 있는 것에 더해 위기개입 현장에서 활동을 해야 하는 위기개입자들이 지켜야 할 윤리 원칙을 정립하는 것은 더욱 더 중요한 문제가 아닐 수 없다. 실제로 명백하게 일반적인 상황에서 적용되어야 하는 상담 윤리와 위기현장에서 필요한 위기개입의 윤리가 맞지 않거나 서로 충돌하는 부분이 있다. 예를 들면, 상담윤리에서 가장 중요하게 여겨지는 상담의 비밀보장에 관한 윤리는 위기개입에서는 거의 지킬 수 없는 경우가 많이 발생한다. 또한, 어떠한 경우에도 신체적 접촉이 허용되지 않는 일반상담에서의 내담자와 상담자의 관계와는 달리 위기개입 현장에서는 위기에 처한 사람을 끌어안고 삶의 용기를 북돋워 줘야 하거나 적어도 어깨를 감싸 안거나 등을 두드려 주는 등의 신체적 접촉 행위를 빈번하게 할 수밖에 없는 상황에 놓일 수 있다. 게다가 위기 현장의 특성상 공정성이 무너지거나 2류의 지원을 받기 쉬우므로 영어 속담인 "Don't look a gift horse in the mouth(선물 받은 말의 이빨을 조사하면 안 된다; 남의 호의를 거절하거나 무시하면 안 된다)"가 강력하게 통용된다는 것은 의심할 필요가 없을 것이다. 그러다 보니 위기개입 시에는 위기에 처한 사람의 욕구에 맞춰 지원이 이루어지기보다는 도움을 주는 사람들의 필요에 따른 지원이 더 성공적인 것이 될 가능성도 매우 크다. 더구나 현재 우리나라에서는 위기개입자와 관련된 윤리나 개입 지침의 필요성이나 나아가 이에 대한 교육과 훈련이 거의 없고 이를 언급한 문헌 또한 찾아볼 수 없는 상태이기 때문에 위기개입 윤리 지침을 확립하는 것은 매우 중요하고도 시급한 과제이다.

이러한 필요와 현장에서의 요구를 반영하여 이 장에서는 상담 현장의 윤리를 참고하고 각종 피해 복구 지원 현장에서 현재 반드시 지켜야 할 원칙이라고 제시한 기본 지침을 바탕으로 위기개입자들이 유지해야 할 최소한의 윤리 원칙을 제시하고자 한다.

2. 윤리 의식과 윤리적 행동

윤리는 2개의 차원을 포함하는 개념이다. 즉, 인식적 차원과 행위적 차원으로 구분할 수 있다. 인식적 차원이란 옳고 그름을 알고 분별하는 것을 말하며 행위적 차원이란 옳고 바른 것을 분별해서 판단한 후에 그것을 실제적 상황에 맞춰 적용하는 것을 말한다. 그러므로 바른 윤리적 실천은 옳은 것이 무엇인지를 정확하게 인식한 사람이 그에 따라 올바른 윤리적 행위를 하는 것이라고 말할 수 있다. 이를 상담의 경우에 비추어 말하자면 먼저 상담자는 상담 활동의 전반에서 높은 수준의 윤리적 인식이 가능하도록 전문가로서의 자질과 성품을 갖추어야 한다. 다시 말하면 내담자와의 관계 속에서 윤리적 기준들을 잘 지키고 따르면서 상담 활동을 하는 것이 윤리적 행위, 즉 윤리적 상담이다.

1) 윤리적 의사 결정

국내의 상담 분야에서 가장 빈번하게 발생하는 윤리적 문제는 성관련 행동, 이중관계, 비밀보장, 상담자의 유능성(전문성) 문제이다(최해림, 2002). 이러한 문제가 발생했을 때 상담자는 윤리적인 의사 결정을 하기 위해 다양한 노력을 기울여야 한다. Kichner(1984, 2000)는 윤리적 의사 결정 모형을 제시하면서 상담자가 윤리적 측면에 대해 민감해야 하며, 윤리 관련 사실과 이해 당사자를 구체화하고, 핵심 문제가 무엇인지를 정확히 파악해 대안을 제시해야 하는 과정이 필요하다고 하였다. 또한, 해당 문제와 관련된 윤리 규정과

법 규정 등을 참고하고, 윤리 원칙과 이론을 상황에 적용하며, 수퍼비전을 받고, 실행 계획을 세운 후에 대안들을 비교 평가하는 등의 심사숙고 과정을 거쳐 결론을 내리고, 관련자들에게 이를 알린 뒤 결정한 내용을 실행에 옮기라고 주문하고 있다. 뿐만 아니라 이후에는 실행 내용에 대한 반성 과정을 거쳐 바른 선택이었는지 검토하도록 한다. 이러한 모든 과정은 윤리적 문제에 대한 민감성이 결여된 상태에서는 불가능하며 여기에 논리적 추론과 비판적 사고 능력이 덧붙여져야 가능한 것이므로 상담자는 계속적인 훈련 과정을 통해 이러한 능력들을 습득하는 것이 매우 필요하다.

2) 상담자의 윤리 발달 과정

Sperry(2005)는 상담자들이 윤리적 갈등을 처리하는 데 어린아이와 같이 윤리 조항을 있는 그대로 해석하고 의존하는 단계에서 시작하여 성인과 같이 윤리규정의 정신을 이해하고 해석하는 단계로 발달한다고 가정하고 있다. Sperry가 밝힌 윤리적 발달 단계는 다음과 같다.

(1) 1단계

초심 상담자들이 윤리적 의사 결정에서 경직된 특성을 보이는 단계이다. 상담자들은 윤리 규정에 이의를 제기할 수 없다고 여기고, 각 상황에 가장 적당한 윤리와 법 규정을 알고 싶어 한다. 윤리적 결정에 대한 책임을 너무 부담스러워하여 위기 상황에 처하지 않기 위한 관리에만 지나치게 신경을 쓰기도 한다. 어려운 상황에 대해서 대체로 쉽게 자문을 구해 도움을 받는다. 간섭을 싫어하고 윤리 규정에 무관심한 상담자들은 자문을 받지 않는 특성을 보인다.

(2) 2단계

1단계 보다 조금 유연해지는 특징을 보인다. 윤리 규정과 법을 하나의 지침으로 보는 경향이 있다. 윤리적인 요구가 내담자의 복지를 존중하기 위한 것으로 인식하고 이를 지키려고 한다. 무엇이 가장 내담자에게 이득이 되는

가에 대해 자신의 의견과 윤리적인 규정이 갈등을 일으키는 경우, 이에 대한 처리를 피하기도 한다. 이로 인해 윤리 규정을 무시하거나 자신에게 동의를 해주는 수퍼바이저만을 선택적으로 찾아다니기도 한다.

(3) 3단계

2단계 보다 더 유연해지고 넓은 관점에서 윤리 규정을 바라보게 된다. 윤리 규정을 그대로 받아들이기 보다는 검토해야 할 대상으로 보고, 대안을 만들어 내고 권리와 책임 간에 균형을 맞추는 결정을 내린다. 이들은 삶에서도 개인과 전문가로서의 가치 면에서 균형을 맞추려고 노력한다.

(4) 4단계

윤리 규정과 법에서 요구하는 것을 알면서도 이러한 요구를 뛰어넘는 전문적인 판단을 하는 단계이다. 이 단계에서는 무해성만이 아닌 자기 인식(self-knowledge)의 단계로 가게 된다. 건강한 관계를 세우고 유지하는 것을 윤리적 감수성과 유능한 상담의 핵심으로 간주한다. 전문적인 상담을 실천하면서 자신의 개인적인 삶의 철학을 편안하게 통합한다.

3. 상담 윤리의 이해

우리나의 위기현장에서의 위기개입의 윤리 원칙을 찾고 제시하기 위한 과정의 하나로 미국심리학회(APA)가 제시한 상담 윤리의 일반적 원리와 미국과 우리나라의 상담자 윤리 강령의 공통적인 내용들을 간단히 살펴보면 다음과 같다.

1) 상담 윤리의 일반적 원리(APA 기준)

(1) 유익성/무해성(Beneficience/Nonmaleficence)

내담자의 유익을 위하고 해를 입히지 말라는 것으로 다른 사람에게 미칠 영향에 대해 주의를 기울이는 것을 말한다.

(2) 신뢰/책임감(Fidelity/Responsibility)

사회와 공동체에 대한 의미로 다른 전문가들과도 협력하며 동료들의 윤리적 의무에도 관심을 갖는 것이다.

(3) 고결성(Integrity)

연구, 교육, 상담에서 정직하고 정확하며 믿을 수 있게 하는 것을 의미한다.

(4) 공정성(Justice)

모든 사람을 공정하게 대하며 편중될 가능성이나 자신의 능력의 한계를 인지하는 것을 말한다.

(5) 인간의 권리와 위엄 존중(Respect for People's Rights and Dignity)

개인의 사생활 보호와 의사결정권, 내담자의 문화, 개인차, 역할을 존중하고 편견에 치우칠까 주의하는 것이다.

2) 상담자 윤리 강령의 공통 내용(APA, 한국상담심리학회, 한국상담학회)

미국심리학협회(APA)와 한국상담심리학회, 한국상담학회가 제시한 상담자 윤리 강령에서 공통되는 내용을 정리하면 다음과 같다.

- 전문가로서의 태도와 역할

- 사회적 책임
- 내담자의 복지와 사생활 보호
- 다른 전문가 또는 기관과의 관계
- 윤리적 문제에 대한 대처
- 교육, 연구자로서의 책임

윤리적 상담을 위한 Kitchner(1984)의 5원칙도 내담자의 자율성 존중, 비유해성, 선의, 공정성, 충실성으로서 앞에서 제시한 APA의 윤리 원칙과 거의 같은 내용이라고 할 수 있다. 지금까지 위기개입의 윤리 원칙을 알아보기 위해 상담과 관련해 공통적으로 참고할 사항들을 중심으로 하여 살펴보았다. 다음은 실제 위기개입 사례들을 통해 위기개입에서 요구되는 윤리 원칙들을 탐색해 볼 것이다.

4. 위기개입 윤리의 발견

1) 위기개입 사례

■ 사례1

A씨는 학교 상담사이다. 그의 아들은 얼마 전 군에 입대해서 훈련 중 사고로 사망했다. 아들의 사망 이후 A씨는 곧 학교 일을 그만 두고 국제자선봉사단체의 상담전문가로 일하게 되었고 위기현장에 자원해서 나갔다. 그녀는 심각한 학교폭력사건, 자살로 인한 부정적 영향 등을 다루는 팀에 속해 일하거나 자연재해로 거주지를 잃은 주민들을 돌보는 일에 종사했다. 그녀가 현재 만나고 있는 위기에 처한 사람들은 그녀가 어떤 때는 지나치게 따뜻하고, 또 어떤 때는 매우 냉담하고 거리감을 두는 것처럼 느꼈다. 그녀 자신은 이러한 변화를 별로 느끼지 못하고 있었고, 그저 위기에 처한 사람들이 어떤 때는 자신의 도움을 매우 고맙게 여기고, 어느 때는 그런 태도를 보이지 않는다고

생각했다. 그녀는 항상 아들의 너무 이른 죽음에 대해 깊이 느낀 바가 있어 이 일을 시작하게 된 것이라고 생각해 자신이 정말 원하는 일을 하고 있는지 에 대해서는 깊이 고민해 보지 않았다.

■ 사례 2

B씨는 대학원에서 식사 과정 공부를 하는 동안 자신이 얼마나 종교적인 신념이 강한지 알게 되었다. 수업에서는 칭찬을 들었지만, 그녀의 종교적인 신념은 공부한 이론과 갈등을 빚는 경우도 있었다. 졸업 후 그녀는 자격증 취 득을 위한 수련 과정의 일환으로 교회에서 운영하는 병원에 정신건강상담자 자리를 얻어 일하게 되었다. 몇 개월 후 외국의 선교 현장에 지원봉사자로 가 게 되었다. 그녀는 영어에 능숙했으므로 상담 활동을 할 계획이었다. 선교 현 지에 도착 후, 그녀는 상담 후엔 수석 성직자에게 수퍼비전을 받아야 하고, 내담자가 여성일 경우엔 남편이나 아버지가 상담에 참여하게 되어 상담 기 록을 검토하고, 상담에 따른 최종 결정권을 갖게 된다는 얘기를 들었다. B씨 는 이것이 신의 뜻에 따른 것이라 믿으면서도 이런 규칙에 다소 불안을 느꼈 다. 이런 불안감을 떨치고 그녀는 인생의 문제를 해결하는 데 믿음을 사용하 는 이 지역 사람들을 어떻게 이끌어갈 것인지에 집중했다.

■ 사례 3

의사 C씨는 가끔 생각은 했지만, 그동안 어떤 종류의 위기 현장이나 인 도주의적 지원 사업에 참여해 본 적이 없었다. 아이티에 지진이 발생했을 때 그는 억지로 현장에 자원했다. 그가 속한 의료협의회가 2주일 동안의 유급 봉사를 명했고 적십자사를 통해 현장에 가게 되었다. 황폐함과 혼란으로 뒤 덮여 사람들에게 필요한 가장 기본적인 욕구조차 해결이 안 되는 현장의 모 습을 보고 C씨는 큰 충격을 받았다. 의사 면허증이 있었기 때문에 그는 위기 상황에 대한 준비를 생략한 채 현장에 투입되었다. C씨는 위기나 현지의 상 황에 대해 전혀 교육을 받지 못하고 온 것에 대해 죄책감을 느꼈으며, 자신이 이곳에서는 거의 쓸모없다는 생각을 하게 되었다. 그는 최소한 임시 사무실이라도 갖춘 상태에서 사람들을 만나고 트라우마에 대처할 심리 문제에 대해 얘기를 나누게 될 것이라고 예측했었다. 하지만 그는 눈앞의 냄새와 광경, 소음조차 참을 수 없었다. C씨는 스스로 위축되어서 다른 봉사자들에게 딱딱거렸고, 자신에게 배정된 자리를 거절했다. 결국 그는 아무에게도 알리지 않은 채 항공권을 구해 집으로 돌아와 버렸다. 그와 함께 일했던 다른 봉사자들은 그가 가버린 것에 대해 매우 안도했다.

■ 사례 4

D씨는 짜릿한 쾌감을 즐기는 중년의 상담자이다. 그는 스카이다이버, 등산가 그리고 열정적인 익스트림 스키어였다. 그는 아프리카에서 대규모 연구 프로젝트를 수행하고 있는 대학의 경제학 교수로부터 함께하자는 제안을 받았다. 문화적 영역이 포함된 이 프로젝트에 매우 관심이 갔던 그는 참여를 결심했고, 프로젝트 관련 자선단체에 기부금을 내고 아프리카에 보내져 자원봉사 업무를 하게 되었다. 그의 동료들이 아프리카에 온 동기에 대해 의심스럽게 물었을 때, D씨는 "이봐, 일생에 한 번뿐인 모험이 될 텐데 나한테 해로울 게 뭐가 있겠어?"라고 답했다.

■ 사례 5

의사 F씨는 동남아시아 국가의 난민센터에 6개월간 배치돼 봉사를 했다. 그는 넉넉한 재산가여서 그의 소유물 중엔 값비싼 것들이 많았다. 그는 이중언어 사용에도 능숙했다. 뿐만 아니라 포스트 닥터 훈련, 위기 상황과 다문화적 정신건강 작업에 대한 수퍼비젼 과정을 거쳤다. 거기서 일하는 동안 위기에 처한 사람들을 돕기 위해 할 수 있는 힘을 다했지만 현장에서 필요한 것들이 엄청나게 많아서 센터의 지원만으로는 도저히 감당할 수 없다는 판단을 하게 되었다. 그는 자신이 만나는 난민들을 지원하는 데 필요한 식량과 의료물품들을 구하기 위해 자신이 가진 대부분의 소유물을 팔아 치웠다. 그는 이런 처리 방식이 부도덕한 성격을 띤다는 걸 알았지만, 긴급을 요하는 상황이라는 걸 내세워 마음속으로 이를 정당화했다.

2) 국제구호현장의 윤리 원칙

위의 사례들에서 보듯이 위기개입에 자원하는 사람들의 동기는 아주 다양하다. 동기는 지원을 제공하기 위한 에너지와 지원자의 선택의 기초를 이루는 것으로 처음부터 심사숙고할 가치가 있는 것이다. 위기개입에 나서는 전문가들마다 각기 기술이나 재능, 훈련 그리고 개인적 취향과 상점 등에서 다양한 차이가 있다. 여러 인도주의적 기구들의 훈련과 지침 가운데 제시하고 있는 윤리 규정은 전문가들이 윤리적으로 위기 지원을 할 수 있도록 도움을 줄 것이다. 이에 따라 위기 지원 활동에서 흔히 깊이 고려해야 할 윤리적 문제들을 살핌으로써 공통적인 생명윤리적 원칙을 찾아보고자 한다.

다음은 국제적십자사와 국제적신월사 운동이 표방하는 기본적인 윤리 원칙이다(http://www.ifrc.org/publicat/conduct/index.asp). 이 원칙은 주로 각종 재난으로 파괴된 삶의 생존자들을 위해 특히 강조된 것이지만 위기개입이 필요한 현장 어디에서도 공통적으로 적용 가능한 것들이라고 여겨진다.

(1) 인본주의 정신(Humanity)

국제적십자사와 국제적신월사 운동은 전쟁터, 군사 작전 등의 상흔 속에서, 국제적이고 국가적인 능력에서의 차별 없는 지원을 제공하기 위해 탄생한 것이다. 어디에서든 사람들이 겪는 고통을 예방하고 경감시키기 위해 개입을 한다. 이 운동의 목적은 인간의 삶과 건강을 지키고 인간에 대한 경외감을 확인시켜 주는 것이다. 이를 통해 모든 사람의 성숙한 이해와 우정, 협동심과 영원한 평화를 추구한다.

(2) 공명정대함(Impartiality)

이는 국가와 민족, 종교적 신념, 계층 혹은 정치적 의견 등에서 차별하지 않는 것을 의미한다. 여기에서는 개인의 고통을 줄여주고, 오직 그들의 필요를 따라 도와주며, 가장 긴급히 해결해야 할 고통의 순위를 정해 도움을 제공한다.

(3) 중립성(Neutrality)

모든 이들의 신뢰를 얻기 위해 적대감을 멀리하며 어느 때든 정치적, 인종적, 종교적이거나 이념적인 성격과는 반대편에 선다.

(4) 독립성(Independence)

독립적이다. 각 나라의 정부에서 인도주의적 지원 활동의 종사자들을 파견하고 각 나라 법의 적용을 받긴 하지만, 항상 자율성을 가지며 모든 경우에 각 전문가의 원칙을 따라 행동한다.

(5) 자발적 활동(Voluntary service)

이들의 활동은 이득을 취하려는 목적에서 출발하는 것이 아닌 자발적 구호 활동이다.

(6) 통일성(Unity)

하나의 국가에는 오직 하나의 적십자사 혹은 적신월사가 있을 뿐이다. 이는 모든 나라에 열려 있어야 하며 그 나라 전 지역에 걸쳐 인도주의적 활동이 전개돼야만 한다.

(7) 보편성(Universality)

국제적십자사와 적신월사 운동은 범세계적인 것으로 서로를 돕는 데 있어서 평등한 지위 및 평등한 책임과 의무를 지닌다.

3) 위기개입의 윤리 원칙

위에서 위기개입의 다섯 가지 실제 사례와 국제구호현장인 국제적십자사와 국제적신월사의 윤리 원칙을 살펴보았다. 이를 통해 다음과 같은 위기개입 윤리 원칙을 구성하고 이에 대한 구체적인 설명을 통해 이해를 돕고자 한다.

(1) 충실성(Fidelity)

인간관계를 돕는 충실성 윤리 원칙은 가능한 모든 전문가적 수준에서의 진실함을 말한다.

충실성 원칙이란 정직함, 신뢰성, 선의를 가지고 일하는 것이다. 또한, 위기에 처한 사람의 복지를 위해 충성하고 헌신하는 것이나(Kitchner, 2000; Welfel, 2006). 충실성은 전문가적 의무와 정체성에 깊이 주의를 기울일 수 있도록 위기개입자들을 동기화시키는 위기 현장에서 쉽게 드러나는 대단히 중요한 원칙이다.

살던 곳에서 급히 피해야 하는 등 긴급한 위기 상황의 성격상, 보통의 현장에서 당연하게 취급되는 것들이 윤리적 지원을 하려는 전문가들에게는 도전받거나 변형을 해야 할 수도 있다. 예를 들면, 잘 읽고 집에 가서 해오기도 하는 등 다양한 방법을 포함해 구체적인 질문과 답을 하도록 하는 정보제공 이용 동의서와 같은 아주 기본적인 것들은 빨리 처리하게 될 것이다. 만나는 장소도 텐트, 바닷가에 놓인 앉을만한 통나무, 혹은 버려진 창고나 또 다른 생각지도 못한 곳일 수 있다(Benjamin, 1981). 이런 환경에서는 '비밀(confidentiality)'이라는 건 분명히 다른 의미로 취급해야 할 것이다. 기록하는 것 역시 이전처럼 할 수 없거나 아니면 아예 할 수 없을 것이다. 좀 더 심하게 얘기해서, 습관적으로 해 오던 어떤 것일지라도 다 내려놓아야 할지 모른다. 위험이 지속되는 상황에서는 돕는 이와 도움을 필요로 하는 사람이 동일한 고통 속에 놓여 있기 때문에 위기 개입자가 돌봄 계획을 수립하고 치료적 거리를 유지하는 데 커다란 어려움을 겪을 수도 있다(Benyaker & Collazo, 2005).

이렇게 기존의 일반적인 관례에 대한 걸림돌이 많은 현장인 재난 혹은 위기 상황 속에서도 위기개입자들은 윤리적이고 전문가적인 상호작용의 정신을 지키려는 단호한 노력을 기울여야만 한다. 이것이 충실성(fidelity)의 핵심이다.

재해 혹은 피해 습격을 받은 현장의 생존자들은 부당한 착취, 부주의, 사기 등의 피해로부터 자신들을 지켜내는 것이 어렵다. 어떻게 보면 충실성이라는 것은 윤리적 규정과 기준의 전체라고 여겨진다. 도덕성을 시험하는 진짜 잣대는 아무도 보지 않을 때 어떻게 처신하는가 하는 것이다. 위기 속의 혼란 상황이 책임을 모호하게 하는 건 사실이다. 그런 가운데서 충실성이 발휘되어야 한다.

위기 상황에서는 감정이 매우 고조되어 있다. 스트레스와 주거지 이전, 기본적인 생활용품의 부족, 잠을 잘 수 없는 환경 등은 위기에 처한 사람은 물론 그들을 돕는 위기개입자도 비슷하게 경험을 할 수 있기 때문에 때때로 전문가의 영역조차 모호해진다. Weaver(1995)는 "가끔은 스트레스 반응(특히, 아드레날린의 분출)과 재난 시에 형성된 강한 유대감의 조합이 혼란스러운 감정을 이끌어 낸다. 극심한 스트레스를 받는 사람들은 그들 주변에서 발생한 사건을 잘못 해석하게 되기도 한다. 위기개입자들은 정신을 집중하여, 이런 현상들을 지켜보며 피해자들과 긴밀히 연락을 취하는 다른 지원들에게 그들의 행동이 어떻게 인식되고 있는지에 대해 끊임없이 관찰을 할 필요가 있다"고 제안한다.

위기 현장에서 윤리적인 위기개입자는 분명하게 전문가적 영역을 유지하면서 동정심과 유능감을 제공하는 것이 중요하다. 여러 분야에서 자원한 위기개입자들은 어떤 위기 생존자들에게는 호의를 베풀고 또 다른 사람은 싫어할 수도 있다. 이러한 반응은 삶과 행복에 대한 위협으로 맞닥뜨렸던 때로 회귀함으로써 고조되는 고전적인 전이 역동 때문일 수 있다(Luborsky & Crits-Cristoph, 1998). 이것은 또한 위기와 트라우마 경험에서 발생한 분노, 비난 충동을 대치하는 것과도 관련이 있을 것이다(Novaco, 1979).

(2) 선행/유익성(Beneficience)

선행/유익성(Beneficience)은 기회가 주어졌을 때 선하게 행동하는 것을 말한다. 이것은 자신의 이익보다 더 먼저 타인의 이익을 찾아 도우라고 우리에게 강력히 권한다. 개입 지침 원칙으로서의 선행/유익성을 지닌 어떤 지원도 상처나 고통을 주기 보다는 받는 사람들에게 보다 좋은 것을 제공하는 합리적인 기회에 입각해야 한다. 이 원칙은 다음의 요소들을 살피는 것이 수반되어야 한다.

가. 당신의 동기를 평가하라(Assess your motives)

앞의 사례들에서 보듯이, 돕고자 하는 동기는 윤리적인 문제를 검토하기 위해 첫 번째로 손꼽히는 것 중 하나이다. 혼자든, 믿을 수 있는 동료, 수퍼바이저, 치료사, 성직자, 혹은 친구들과 함께이든 자원봉사 현장을 찾아서 진실한 사람들 속에 참여하는 것은 누구에게나 매우 중요한 일이다. 만약 지루하고, 집이나 직장에서 관계에 문제가 생기고, 호기심이 발동하고, 삶에서 발생한 어떤 문제를 피하려 하고, 또는 지배당하는 것에 대해 분노를 표현하고 싶다면, 그런 욕구들은 보다 직접적인 방식으로 다르게 해결되어야만 한다. 수용할 수 없는 위기 현장에 나서게 하는 첫 번째 동기로 수용할 수 없는 것들이 있다. 즉, 언론에 노출되기를 희망하거나 개인의 전문 이력의 하나를 장식하기 위해, 혹은 어떤 신앙 체계의 목격자가 되고 싶거나 불쌍하다고 생각하는 사람들을 개조하려는 욕구 등이 포함된다.

재난현장에서의 활동이 자신을 수퍼히어로로 형상화한 구조 환상에 젖어 위기 지원 활동을 택한 위험한 나르시시즘인가? 완벽한 부모가 되기 위한 숨은 욕구인가? 다른 트라우마 현장의 황폐함을 해결하려고 애쓰는 것을 통해 자신의 외상적인 과거를 치유 받겠다는 강한 희망인가? 이런 것들은 모두 위기 현장에 나서는 부적절한 동기 뒤에 감춰진 진짜 원동력일 수 있다. 사례 1의 A씨의 경우처럼 위기 현장에서의 자원 활동 작업은 고통스런 삶의 기억과 사건들에 맞서는 방패가 될 수도 있을 것이다.

위에 열거한 것이 미심쩍은 동기들이라면, 어떤 것이 안전하고 적절한 동기라고 여겨지는가? 물론 이 질문에 대한 정답은 없다. 위 동기들에서 선행을 베풀고 고통을 줄여주기 위해 자신의 전문가적인 기술을 제공하려고 한 바램은 2차적이며 덜 이타적이다. 선행을 베풀고 고통을 완화시키는 것이 첫 번째 동기여야만 한다.

나. 필요한 기술을 찾으라(Seek necessary skills)

위기개입 작업은 전문가로 하여금 응급 상황에서는 무엇이든지 제공하면 유용하다는 잘못된 생각을 낳게 만든다. 하지만 위기개입은 실제로 대단히 특별한 기술이 요구되는 상황이다. 위기개입자들은 위기 현장에서 도움이 필요한 사람들에게 제공할 수 있는 숙련된 기술을 익히는 것이 중요하다. 위기 현장에서 활동하는 사람들은 수퍼비전, 관련 분야의 문헌 읽기, 교육 훈련 지속하기, 특화된 학회 등에 참여하기 등을 지속적으로 함으로써 위기개입에서 사용할 수 있는 구체적인 기술을 갖추어야 한다. 훈련을 마치고 중요한 기본적인 자격증을 취득하는 데 만족하는 것은 지혜롭지도 않고 윤리적이지도 않다. 사례 3에 나타난 의사 C씨는 위기개입에 따르는 작업 조건과 요구에 대해 준비가 다 되어 있다고 스스로를 과대평가했다. 결국 그는 위기개입자로서 실패하고 도망치듯 현장을 떠나게 되었다.

다. 자기 돌봄을 게을리하지 말라(Monitor self-care)

위기 상황에 노출된 위기개입자들이 트라우마에 직면하는 것은 놀랍지 않은 일이다(Hesse, 2002; Pearlman & Macian, 1995). 이것이 정상적인 반응임에도 불구하고(Ulsano, Fullerton, Vance, & Kao, 1999) 그대로 두면 안 되는 때를 아는 것은 극히 어려운 일이다. 위기개입자들의 매일의 일상을 잘 살펴주는 사람은 없다. 따라서 위기개입현장에서 일하는 사람들은 스스로 방법을 찾아서 균형감의 상실이나 긍휼심의 감소 경험, 혹은 급성 트라우마로 인해 자신들의 개입이 효과가 감소하거나 해를 입히고 있는 것은 아닌지 등을 살펴야만 한다(Figley, 1995).

일기쓰기, 다른 동료들과의 대화, 믿고 기댈 수 있는 동료들이나 가족들과 전화, 인터넷 접촉 등의 방법이 전문가가 위기개입 종사자로서 일하는 동안 균형감각을 유지하도록 도움을 줄 수 있다. 가능하다면 자기 돌봄의 방법으로 효과가 있다고 알려진 운동, 휴식, 건강한 다이어트 등이 위기개입자들의 규칙적인 일상이 돼야 한다.

(3) 무해성/비유해성(Non-maleficence)

무해성의 원칙은 유익을 끼치는 것을 말한다. 이것은 부당하게 해를 입히지 않는 것이다. 위기 혹은 인도주의적 활동 상황에서 이것은 특별히 도전받는 원칙이다. 외상을 입은 사람들의 취약성으로 인해 위기 상황에서는 의도치 않게 대단한 피해를 입힐 가능성이 존재한다. 더구나 자원이 부족하고 거의 없는 위기 속에서는 특별한 훈련을 받지 않았거나 정보가 없는 상태로 투입돼 전혀 도움을 주지 못하는 위기개입자들에 의해 또 다른 피해가 나타날 수도 있다. 사례 4에서, D씨는 자신의 계획을 위해 아무 자원도 없는 상태로 위기 현장에 참여했고, 이러한 사례가 수동적으로 피해를 입히는 전형적인 예가 될 수 있다. 그러나 이보다 더 해로운 것은 전문가적인 기술과 권위를 잘못 적용해서 피해를 입히는 것이라고 할 수 있다(Smith, 2002). 이러한 오용의 예는 사례 2에서 잘 보여진다. 무해성의 원칙을 유지하기 위해서는 다음의 세 가지 요소에 주목해야 한다.

가. 이해와 진단을 심사숙고하라(Concern with conception and diagnosis)

트라우마와 트라우마가 심리적 장애에 끼칠 영향에 대해 이견이 매우 많다(Herman, 1992). 위기와 트라우마에 대한 인간의 반응과 적응은 매우 다양하고 개인적으로나 문화적으로 볼 때 대단히 중요하다는 것은 명백한 사실이다. 어느 관점에서든, 트라우마를 다루는 어떤 방법은 다른 것 보다 더 적응적으로 보여 지기도 한다. 서구적인 진단 체계로 볼 때, 위기에 처한 사람들 중 어떤 사람들은 정신 건강 진단에 해당되는 되는 증상을 보이지만, 대부분은 또 그렇지 않기도 하다(Caffo & Belaise, 2005). 위기에서 살아남은 생존자들은 해를 입었고, 약해졌거나 정신적인 질환이 있을 것이라고 지레 짐작을 하고서 병리학적 기반의 개입이 필요하다고 가정하는 것은 많은 경우에 해로울 수 있다(Violanti, 2000). 결론적으로 부정적인 증상들에 대해서만 강조하는 것은 위기에서도 유익한 영향을 받을 가능성이 있다고 접근하는 강점 기반 관점 혹은 회복탄력성 관점과는 반대되는 것이다(Stuhlmiller, 2003).

나. 개입 모델들을 문제의 시각으로 보라(Problem with intervention models)

외상의 이해와 진단과 관련된 문제와 마찬가지로 개입에 대한 문제도 잘 고려해야 한다. 외상을 입은 사람들을 대상으로 하는 서비스제공에 있어 하나의 이론 혹은 개입 모델만을 고수하는 것은 피해의 원인이 될 수도 있다. 평가와 개입 모델들은 위기 현장 활동을 위해 특별히 개발되어 온 것들이다. 이런 모델들은 사회적, 환경적, 개인적 고려사항과 상호작용 등을 포함해서 만들어진 실용적인 것이다. 각각의 모델들은 여러 단계와 영역들을 포함하고 있다(Weine & Henderson, 2005). 윤리적인 전문가는 각 위기 상황에 가장 적절한 이론이나 모델을 찾아내 그것을 따라야만 한다. 여전히 위기현장에서 잘 사용되고 있는 개입방법이기는 하지만, 사건 스트레스 디브리핑이 어떤 경우에는 전혀 효과가 없거나 때로는 해를 입히기도 한다는 게 아주 중요한 예가 될 수 있다(Rose, Bisson, Churchill, & Wessley, 2002).

다. 서로 다른 문화에 대해 깊이 고려하라(Concerns about crossing cultures)

위기 현장에 개입하여 활동하고 있는 사람들이 동일한 언어를 사용하고 공통된 국가적 정체성을 갖고 있다고 해도 위기개입자들은 재난이나 위기를 경험한 해당 지역 사회에서는 이방인이고 그 사회의 기본적인 관습을 알지 못하므로 해당지역의 민족 혹은 문화에 대해 보다 깊은 관심을 기울여야 한다(Jackson & Cook, 1999). 위기개입지역의 문화를 포함하여 독특성을 잘 알지 못하는 것으로 인해 어색함, 판단 실수, 고정 관념으로 나타나 부정적인 문제를 일으킬 수 있다. 해당 지역사회가 문제, 고통, 대처의 신호로 이해하는 것들을 쉽게 무시하거나 오해할 수도 있다. 물론 모든 정신건강전문가들에게는 기본적인 수준의 다문화적 숙련도는 기대할 수 있다. 문화적 다양성이 실재하는 대부분의 위기현장에서, 위기개입자는 조사 및 수퍼비전, 문화적인 게이트키퍼 활용 등의 방법으로 익숙하지 않은 문화와 손잡고 일하기 위해 필요한 기술과 지식을 습득하는 시간을 가져야 한다.

보다 깊은 수준에서, 대다수의 조력자들은 외상을 입은 사람들이 비극적 사건이나 위기 속에서 의미를 추구한다는 것을 알고 있다. 이들이 추구하는 의미는 불가피하게 문화적인 것에 근거를 두지만, 외상에 대한 적응에서의 문화적 표현과 의미체계의 역할이 좀처럼 충분히 탐색되지는 않는다. 사례 2에서 B씨는 그들이 의미를 추구할 때 그들에게 맞든 안 맞든 신앙 체계를 적용하려고 했기 때문에 B씨에게 매우 영향력을 줄 수 있는 위치에 있다.

위기에서 회복하여 행복한 삶을 영위함에 있어 사회적 지지의 중요성은 절대로 과소평가할 수 없다(Norris & Kaniasty, 1996). 정신건강전문가들을 포함하여 다른 자원활동가들은 문화적인 규범, 심리적 고통에 대한 신념, 고통스러운 증상 표현에 있어서의 다양한 형태들과 결합된 낙인 등을 인식하지 못해서 사회적인 큰 혼란 속에 빠질 수 있다(Shinfuku, 2005). 예를 들면, 어떤 문화에서는 공공연하게 감정을 표현하도록 격려하는 것을 현명하지 않은 것으로 여긴다. 관계개선이나 회복을 도와주는 데 가족을 참여시키거나 제외하거나 하는 것 또한 아주 중요한 요인이 된다.

(4) 공정성(Justice)

공정성 원칙은 이익과 위험, 비용에 대한 공정한 분배 또는 동등한 지위로 동등하게 대우하는 행동을 말한다(Beauchamp & Childress, 2001). 그리고 공정성은 불평등한 지위에 놓인 사람들에게 불공정하게 대우하는 것과 싸우는 것이다. 심각한 질병에 걸린 환자들은 병으로 인해 입원하게 되는 여러 가지 요소들을 나타낸다. 의사들과 병원 직원들은 자신들의 시간과 처우 심지어 이용 가능한 조직들조차 분배할 때 공정하게 결정을 내리도록 몸부림쳐야만 한다(Richard, Rawal, & Martin, 2005). 의료 현장에서, 위기 상황에서, 위기에 처한 사람들은 분명히 동등한 요구를 하지 않을 것이고, 이용 가능한 자원은 절대 충분하지 않을 것이다. 그러므로 서비스와 물품을 제공하는 방법을 당장 결정하는 것은 가장 처리하기 힘든 과제일 수 있다. 허리케인 카트리나의 재해 이후, 미국 문화에서는 계층과 인종에 대한 문제와 관련된 공정성 이 주요 이슈로 부각되었다.

지원, 재난, 트라우마 그리고 무차별적인 폭력 등에 대한 질문들은 일상생활을 하면서 우리가 가지고 있는 안전감과 공정성에 대한 믿음을 의심하게 한다. 우리 모두는 끔찍한 일들이 죄 없고 힘이 없는 사람들에게 발생하는 경우를 종종 듣고 본다. 우리 주변의 가장 가난하고, 가장 어리고, 가장 시민이라 불릴 수 없는 사람들이 자연재해 혹은 인재의 혹독한 희생양이 된다(Caffo & Belase, 2005). 위기 현장에서 위기에 처한 사람들을 돕는 위기개입자들은 모순되고 부조화한 것은 공평함을 잃음으로써 모두에게 공정하게 대하는 것이 약화된다는 유혹에 빠질 때가 종종 있다는 것이다. Rachels(2002)은 "도덕성에 대한 모든 중요한 이론들의 대부분은 공명정대함에 대한 것이다"라고 말했다. 정신건강 자원활동가들은 물품의 공정한 분배를 결정하는 위치에 있지는 않지만, 사례 5의 의사 D씨처럼 자원활동가라는 지위 때문에 쉽게 물품을 구하고 특정인에게 원하는 서비스를 제공할 수는 있을 것이다. 이해는 가지만 그들의 그러한 선택은 분배 체계의 기반을 흔들어 놓는 일이다. 윤리적인 전문가들은 편애에 맞서야만 하며 그런 쪽에 관심을 갖기 보다는 불공정한 분배 체계를 바꾸기 위해 사력을 다해야만 할 것이다.

마지막으로, 재난발생 후에는 사람들이 비난할 대상을 찾는다는 것에 주의를 기울여야만 한다(Janoff-Bulman, 2004). 조력자들조차도 서로서로 경쟁하듯이 몇몇씩 무리를 지어 환경의 불공정함과 혼란 상황 등을 찾아내려는 경향을 보인다. 재난이 닥친 후에 언론 보도 같은 것을 보면 이런 일은 매우 흔하다. 주변을 둘러보면 비난할 것들은 항상 넘친다. 위기개입자들은 이러한 비난 경향에 대한 이해를 가지는 것이 필요하다. 위기개입자들은 위기 상황 속에서 비난하는 계획을 실행하지 말아야 하고 조력자들끼리 서로 불쾌하게 하고, 위협하고, 비난하는 방식을 취해서도 안 된다. 위기개입자는 어떠한 비난으로부터도 멀리 떨어져, 도움을 필요로 하는 다른 이들을 돕기 위한 치료적 기회를 갖고 있는 사람이다.

(5) 자율성(Autonomy)

자율성 윤리 원칙은 모든 인간은 자신의 건강과 행복에 관한 결정권을 가진다는 데서 출발한다. 서구 문화가 다른 문화들에서보다 자율권을 더 많이 강조한다고 많은 이들이 말해왔지만, 이 원칙은 집단주의적인 문화의 개

인에게도 적용할 수 있다. 일반적으로 집단주의 문화 속에 살고 있는 개인들
은 공동체적 권위에 따라 행동을 결정하기 위해 개인의 이익이나 권리를 양
보하거나 줄이도록 요구 받는다. 하지만 위기 현장에서는 때때로 자율성 기
반 윤리가 가족 지향적 접근에 도전하거나 대체하는 것으로 경험되기도 한
다(Chiang et al., 2005).

국가적인 수준의 위기 상황에서 즉각적인 자율싱과 장기간의 사율성은
심각하게 제한받을 수 있다(Rosenstein, 2004). 즉각적인 자율성의 문제는 모든
물품들을 공급받는 것보다 억지로라도 위기 장소를 떠나 쉼터로 옮겨야 할
경우이거나 개인적인 자율성이 최대로 보장되지 않는 경우 등을 말한다. 장
기간의 자율성의 문제는 자연재해, 전쟁, 강간, 혹은 기차나 열차 폭발 사고
등의 피해자들이 그들의 삶을 얼마나 실제적으로 통제할 수 있는가에 관한
문제일 때 해당될 수 있다(Bonnano, 2004). 정신건강 관련 위기개입자들은 인
간의 자기결정권을 이해하고 존중하기 위해 온 힘을 기울여야 한다고 주장
한다. 즉각적인 위기에서 직접적이고 권위적인 정신 건강 작업이 정당화될
수는 있다. 하지만 이러한 경우라고 해도 절대로 완강하고, 전투적이며 가혹
한 개입이 있어서는 안 된다(Foa, 2000). 일반적인 상담의 경우처럼 정보제공
이용 동의서를 충분하게 작성하지 못했다고 하더라도, 위기개입자는 매우 심
하게 스트레스를 받는 선택과정 가운데서 위기에 처한 사람들을 지지해 주고
안심을 시키면서 자기결정권을 사용할 수 있도록 기회를 제공해야 한다.

위기의 이해

중요한 시기에 합리적이고 목적이 분명한 약간의 도움을 주는 것은 정서적으로 수용되기 어려운 시기에 큰 도움을 주는 것 보다 훨씬 효과적이다

Lydia Rapoport(1962)

"A little help, rationally directed and purposefully focused at a strategic time is more effective than more extensive help given at a period of less emotional accessibility."

한때 옛 친구를 찾아주는 TV프로그램이 있었다. 한 유명 개그맨이 출연해 중학교 시절 단짝 친구를 찾고 있었다. 그 개그맨은 아버지 사업이 실패하고, 집안 형편이 어려웠던 시절에 형편이 어려운 자신을 도와주고 함께 놀아주고, 자기가 가지고 있던 사탕 하나, 과자 한 봉지를 나눠주었던 친구를 애타게 찾고 있었다. 프로그램에서는 그 친구를 수소문해서 두 사람을 만날 수 있게 해 주었다. 둘은 부둥켜안고 진한 눈물을 흘리며 중년이 된 서로를 보며 웃음짓고 있었다. 보는 이도 눈물짓게 하는 뭉클한 장면이었다.

지금은 유명인이 된 그 개그맨에게 지금 눈깔사탕 한 상자와 가장 좋아하는 과자를 한 상자 선물한다면 어떨까? 그 개그맨이 내가 준 선물을 기억하고 그의 환갑잔치에 나를 초대할까? 아마도 그렇지 않을 것이다. 어쩌면 자신이 그런 선물을 받았다는 것 조차 기억하지 못할 것이다.

Lydia Rapoport(1962)는 위기개입의 중요성을 언급하면서, 결정적인 순간에 제공되는 조그마한 도움은 평소에 제공되는 어떠한 도움보다도 효과적이고, 도움이 된다고 하였다. 위기개입은 상당한 불편감을 초래하는 충격적인 사건을 경험한 사람들에게 제공되는 급성의 개입이다. 사건 이후 초기에 이루어지는 적절한 개입은 외상 이후 경험하는 심리적 영향을 완화하고, 이후, 추가적인 개입의 필요성을 감소시키며, 빨리 일상적인 생활로 복귀하는 것을 가능하게 한다.

사회가 발전하면서 우리가 일생에서 경험하는 위기는 매우 다양해졌으며, 사람들의 인식과 반응에 따라 위기의 범위는 매우 확대될 수 있다. 최근 '위기'라는 단어의 사용이 증가하고 있으나 위기개입에 대한 구체적이거나 실제적인 가이드가 될 수 있는 자료는 부족한 실정이다.

위기개입은 위기 직후 이루어지는 개입(intervention)뿐만 아니라 위기 이전에 준비단계에 해당하는 예방(prevention)과 위기 이후 지속적 서비스 제공에 해당하는 사후개입(postvention)으로 구분할 수 있다(Mitchell & Everly, 2008).

첫째로 예방단계, 즉 외상사건이 발생하기 전에 평시에 준비해야 하는 일들이 있다. 이 단계에서는 정책, 교육, 훈련, 네트워킹을 해야 한다. 위기개입을 효과적으로 실시할 수 있는 기본이 되는 정책을 마련하는 것이 필요하다. 이것은 효과적인 위기개입이 이루어지기 위해서 가장 기본적으로 필요한 사항이다. 인력의 운용이나 교육훈련, 효과적으로 위기개입 서비스를 전달하기 위한 기본 틀이 필요하다. 정책을 개발하고 전달을 위한 체계를 잘 마련해 두는 것이 선행되어야 한다. 외상사건에 대한 반응과 도움을 받을 수 있는 곳, 회복에 도움이 되는 것 등 외상사건에 대해서 이해할 수 있는 교육도 실시해야 한다. 특히, 외상사건에 자주 노출될 위험이 높은 경찰, 군인, 소방관, 응급요원 등 초동대응요원들을 대상으로 외상에 대한 이해를 높이는 교육이 이루어져야 하고, 위기시 어떠한 도움이 필요하며, 회복을 위해서 초기에 해야 하는 일과 어떤 도움을 어디서 받을 수 있는지에 대한 교육도 이루어져야 한다. 뿐만 아니라 이 단계에서는 위기개입자를 위한 훈련도 이루어져야 한다. 효과적인 초기개입을 위해서 적절하게 훈련된 전문인력이 필요하다. 누가 어떤 교육을 받았는지 리스트를 정리하는 것부터 위기시에 효과적으로 인력이 운용될 수 있도록 체계를 마련하는 것이 함께 준비되어야 한다.

위기시에는 다양한 도움이 함께 제공되어야 하고, 다차원적인 개입이 필요할 수도 있다. 이를 위해서 사전에 여러 전문기관이 사전에 협력체계를 구축하고 위기시에 유기적으로 대응할 수 있는 네트워크를 형성하는 것이 필요하다.

예방단계에서 이러한 준비가 잘 되어 있을수록 효과적인 위기개입이 이루어질 수 있다. 위기시에 어떤 도구를 사용해서 평가를 할 것인가, 어떤 기법으로 개입을 할 것인가 하는 것은 실제 개입에서 가장 작은 부분이 될 수도 있다. 효과적으로 위기개입이 이루어지도록 개입의 기초를 마련하는 것이 실제 위기개입의 실천보다 더 어려운 요소가 되기도 한다. 이와 같은 준비가 잘 이루어지지 않으면 위기시에 즉시적인 개입이 어렵거나 개입을 위한 준비에 많은 시간과 에너지를 사용하게 되어 효과적인 개입을 어렵게 한다.

두 번째는 외상사건이 발생한 즉시 제공되는 위기개입 단계이다. 위기개입을 하기 전 위기사건에 대한 평가와 개입에 대한 계획과 전략을 정확하게 세우는 것이 필요하다. 위기사건에 대한 정확한 평가와 더불어 위기의 대상을 정해야 한다. 위기에 처한 사람의 규모나 노출의 정도, 개인을 대상으로 하는지, 집단을 대상으로 하는지, 어떤 개입을 사용 할 것인지를 결정해야 한다. 개입의 시점을 어떻게 정할 것인가 하는 것도 결정해야 한다. 초기개입은 빠르면 빠를수록 좋지만, 개입 대상이 보이는 위기반응의 양상에 따라 그에 맞는 적절한 개입의 방법과 시점을 결정해야 한다. 이와 같은 여러 가지 요소를 고려하여 전략적인 계획을 수립하고 그에 따라 위기개입을 실시한다.

세 번째는 사후개입단계이다. 위기개입이 이루어지면 많은 경우 일상적인 기능을 회복하게 되지만 지속적인 도움을 받고자 하는 사람이 있다면 이후 욕구에 맞는 지속적인 서비스와 개입을 받도록 연결하고 의뢰하는 것이 필요하다. 사후 EAP서비스, 심리치료, 입원, 약물치료, 가족지지 등 다양한 도움이 필요할 수 있다. 욕구에 맞는 적절한 도움을 제공하기 위해서는 예방단계에서 여러 가지 지원체계와 네트워크를 형성하는 것이 필요하고, 위기 시에 유기적으로 기능할 수 있도록 항상 체크해야 한다.

예방-개입-사후개입의 위기개입 기본틀에서 중요한 것은 사후관리(follow-up)이다. 외상에 따른 반응을 위기사건 이후 즉시적으로 나타나기도 하지만 일정 시간 후 지연해서 나타나는 경우도 있기 때문에 충분히 회복되었다고 판단될 때 까지 지속적으로 관찰하고 평가하는 것이 필요하다.

'예방-개입-사후개입'의 큰 맥락 안에서 위기개입을 이해하고 실천하는 것이 중요하다. 본서에서는 효과적인 위기개입을 위하여 위기에 대한 정의와 반응, 위기개입의 원칙과 목표를 살펴보게 될 것이다. 이어서 위기개입의 주요한 모델을 살펴보고 CISM(Mitchell & Everly, 1999)모델을 기반으로 개인 위기개입과 집단 위기개입의 전략들을 검토하게 될 것이다.

1. 위기의 이해

1) 위기의 정의

위기(危機, Crisis)라는 단어의 기원은 고대 그리스어 크리시스(그리스어: κρίσις)에서 유래하였다. '크리시스'라는 단어는 '결정하다', '판단하다'라는 뜻을 가지고 있다. '위기(危機)'는 중국어로 위험과 기회라는 두 가지 뜻을 함께 가지고 있기도 하다. 위기라는 단어는 여러 분야에서 사용되고 있다. 심리적인 위기에 대한 연구는 1942년 보스턴 나이트화재 이후 Lindemann이 실시한 유가족 연구가 실증적 연구의 최초라고 할 정도로 오래되지 않았다. 그래서 위기라는 용어에 대해서 정확하게 정리하는 것이 필요하다. 여러 학자들

(Caplan, 1964; James&Gilliland, 2005; Rapoport, 1962; Roberts, 2000)은 위기를 다음과 같이 정의하고 있다.

- Caplan(1961) : 평소 개인의 대처가 실패하여 심각한 어려움을 경험
- Rapoport(1962) : 안정된 상태의 혼란
- Roberts(2000) : 개인의 평소 대처기제로 해결할 수 없는 위험한 사건이나 상황의 결과로, 심리적 불균형을 초래
- James&Gilliland(2005) : 개인의 자원이나 대처기제를 넘어서서 견딜 수 없다고 인식되는 상황이나 사건

뿐만 아니라, Thomas(1951)는 위기란 습관을 혼란하게 하는 촉매작용을 하며, 새로운 반응을 유발시키고 새로운 발전의 중요한 요인이 되는 것이라고 하였다.

Halpern(1984)는 위기를 경험하는 사람의 행동과 위기를 경험하지 않은 사람을 비교하여 위기의 정의를 내리고 있다. 즉, 위기를 경험하는 사람은 다음과 같은 증상이 더욱 두드러진다는 것이다. ① 고갈과 피로감 ② 무력감 ③ 부적절감 ④ 혼동감 ⑤ 신체적인 증상 ⑥ 불안감 ⑦ 작업관계에서 기능의 해체 ⑧ 가족관계에서 기능의 해체 ⑨ 사회적 관계에서 기능의 해체 ⑩ 사회적 활동에서의 해체현상 등이다.

Miller와 Iscoe(1963)는 위기에 대한 여러 견해의 공통점을 다음과 같이 요약하고 있다. ① 위기는 시간적으로 만성이 아니고 급성이다. ② 위기는 일반적으로 효과적으로 행동변화를 가져올 수 없게 한다. ③ 주관적인 측면에서 위기는 무능과 무력으로 특징된다. ④ 위기는 유기체 전반에 다양한 형태로 체험되고, 여러 가지 방법으로 발산된다. ⑤ 위기를 위협적으로 지각하는 정도는 개인에 따라 다르다.

Parad(1966)는 다음과 같은 현상으로 특징되는 평형상태의 혼란을 위기라고 정의 내리고 있다. 그 현상은 구체적이고 확인 가능한 스트레스적 사건이고, 그 사건을 의미가 있고 위협적인 것으로 지각하는 것이며, 사건에 대한 반응과 성공적 순응에 관련되는 대처과업을 말한다. 이 정의가 이전의 정의

에서와 달리 다루고 있는 한 가지 개념은 위기를 유발시키는 사건은 위기가
되기 전에 개인에게 스트레스적 사건으로 지각된다는 것이다.

　이와 유사하게 Bard와 Ellison(1974)는 위기를 스트레스 경험에 대한 주
관적인 반응이며, 개인의 안정감에 영향을 주는 대처능력에 심각한 영향을
미치는 것이라고 정의하고 있다.

　이런 여러 학자들의 정의를 요약하면, 위기는 개인의 안정성과 대처능력
을 위협하는 스트레스 사건에 대한 반응이라고 할 수 있다. 위기가 가지는 특
성은 ① 개인이 위협적인 것으로 인식하고, ② 드물게 발생하고, ③ 개인의
대처기제가 더 이상 작동하지 않으며, ④ 위기에 대한 반응으로 다양한 스트
레스 반응과 상당한 고통을 유발하고, ⑤ 시간제한적이라는 특성을 가지며,
⑥ 어떤 위기는 정상적인 발달과정에서 발생하기도 하며, ⑦ 위기가 긍정적
인 성장과 변화를 일으킬 수도 있다고 할 수 있다.

2. 위기의 특성과 유형

1) 위기의 특성

　이와 같은 정의를 바탕으로 위기에 대한 특성을 정리하면 다음과 같다.
위기는 개인의 안정성과 대처능력을 위협하는 스트레스 사건에 대한 반
응이다.

(1) 사건에 대해서 위협적으로 인식한다.

(2) 사건의 영향을 줄이거나 바꿀 수 없다고 인식한다.

(3) 평소 개인의 대처기제가 실패한다.

　개인마다 외부에서 발생하는 자극에 대해서 대처하는 방식이 있다. 동물
은 외부로부터 위험이 감지되면 맞서 싸우거나 도망을 가거나 그 자리에 얼
어붙어서 아무것도 하지 못하는 상태가 된다. 잘 알려진 스트레스에 대한 투

쟁-도피 반응(fight or flight response)이다. 생리적 차원의 투쟁도피 반응이 아니라 일상적인 상황에서 사람들이 외부자극(스트레서)에 대해서 대처하는 다양한 방식들이 있다. 친구를 만나서 이야기를 하거나, 술을 마시거나, 좋아하는 음악을 듣거나, 운동을 하는 등 다양한 방식으로 대처하려고 한다. 그러나 위기는 이런 여러 가지 대처방식이 모두 실패하는 결과를 가져온다. 개인에게 주어진 자극이 너무 크기 때문에 기존에 사용하던 대처방식으로 더 이상 해결할 수 없는 상태를 이른다.

(4) 긴장, 혼란감, 화, 불안이 증가한다.

개인에게 어려움을 초래하는 특정한 사건이 발생하면 불안감이 증가한다. 예측하지 못한 새로운 대상이 나타났기 때문에 긴장감, 화 등 심리적인 반응이 나타난다.

(5) 다양한 인지, 정서, 신체적 불편감이 증가한다.

인지, 정서, 신체적 불편감이 증가한다는 것은 심리적인 밸런스가 무너진 상태를 뜻한다. 일정한 수준을 유지하고자 하는 항상성이 깨어진 상태이다. 이런 상태에서 사람들이 전형적으로 보이는 반응이 스트레스의 증가이다. 즉, 인지, 정서, 신체적 불편감이 증가했다는 것은 스트레스가 증가했다는 뜻이다. 우리가 위기를 경험하고 있다는 것을 가장 쉽게 알 수 있는 것은 스트레스가 증가한 것으로 알 수 있다.

(6) 드물게 발생한다.

위기는 드물게 발생한다. 자주 발생하면 개인마다 대처할 수 있는 능력과 요령이 생겨난다. 드물게 발생하고, 매우 이례적인 일이기 때문에 잘 대처하지 못하게 된다. 따라서 대처할 능력이 없다.

(7) 시간제한적이다.

위기는 시간제한적이다. 위기는 개인에게 극심한 인지, 정서, 신체적 어려움을 초래하기 때문에 아주 오랜 시간동안 위기상태로 살아갈 수 없다. 즉, 개인이 경험하는 어려움이 극심하기 때문에 오랜 시간 유지할 수 없다. 따라서 이러한 위기는 아주 짧은 시간 안에 극복되거나, 더 심각한 위기의 상태가 되기도 한다.

(8) 어떤 위기는 정상적이다.

Erickson은 인간발달의 과정을 설명하며, 각 단계마다 성취해야 하는 과제를 제시하고 있다. 진학, 취업, 결혼, 임신, 출산, 은퇴 등 인간 발달과정에서 경험하는 다양한 위기들이 있다. 이러한 위기는 정상적이라고 할 수 있다.

(9) 위기는 긍정적인 성장과 변화를 일으킬 수 있다.

2) 위기의 유형

(1) 발달적 위기

발달적 위기는 인간이 성장하고 발달해 가는 흐름에서 발생하는 변화에서 오는 위기이다. 이 과정에서 나타나는 극적인 변화나 전환으로 인해 비정상적인 반응이 발생하는 사건을 뜻한다. 예를 들면, 출산, 대학졸업, 결혼, 중년기의 직업변화, 은퇴, 노화과정과 같은 사건들의 반응으로 발달적 위기가 나타날 수 있다. 발달적 위기는 정상적인 것으로 볼 수 있으나 모든 개인과 모든 발달적 위기는 독특하게 다루어야 한다. 사건보다 중요한 것은 그 안에 잠재된 위기 반응이다. 때로, 사건은 위기 반응보다 문화에 따라 다르게 받아들여진다. 예를 들어, 서구문화에서 아이들은 성인이 되면 집을 떠나 독립할 것으로 기대된다. 하지만 다른 문화에서는 아이들은 집에 머무는 것이 더 잘 받아들여지고, 아이들이 독립할 것이라고 기대되지 않는다. 따라서 미국에서 자녀가 커서도 집에 머무르고 부모에게 의지한다면 부모는 위기감이 발달할 것이다. 다른 문화에서는, 성인이 된 자녀가 집을 떠나면 부모는 위기를 경험할 것이다. 또 다른 예는 임신에 대한 사회적 규범이다. 만약 어떤 여성이 십대에 임신이 가능하게 되었는데 임신을 하지 않았다면 위기가 발달할 수도 있다. 미국이나 우리나라에서는 그와 대조적으로 십대의 임신은 위기로 여겨질 수 있다.

(2) 상황적 위기

상황적 위기는 예측 불가능한 비일상적 사건에 따른 위기이다. 이런 위기는 갑작스러우며 통제가 불가능하고, 그래서 더 충격적이다. 이 위기는 자연재해(홍수, 지진, 태풍, 허리케인 등)와 인간에 의한 재해(폭력사건, 교통사고, 실직, 질병, 갑작스러운 상실 등)를 모두 포함한다. 사건에 대한 개인의 인식이 다르기 때문에 특정한 사건이 무조건 상황적 위기를 초래한다고 이야기 할 수 없다. 다만, 두 가지 유형의 상황적 위기의 반응은 쉽게 구별된다. 만약 위기가 사람에 의해 발생한 것이라면, 사람들은 그 행동이 계획된 것인지 고의적이었는지 아니면 우발적이었는지 물을 것이다. 자연재해의 경우, 질문은 시간에 집중된다. 사람들은 재해가 언제 지나가서 재건을 시작할 수 있는지를 궁금해 한다. 일반적으로, 상황적 위기들은 문화적 차이를 초월한다. 대부분의 문화에서 폭력적인 행동은 위기로 간주된다. 예를 들면, 강간은 어느 문화에서나 강간이며, 살인 또한 어느 문화에서나 살인이다. 비슷하게, 자연재해는 문화에 관계없이 위기상황을 초래한다. 자연재해로 인한 재산의 파괴, 일상생활의 붕괴, 생명의 상실은 언제나 사람들에게 다양한 수준의 정신적 외상을 일으킨다.

(3) 실존적 위기

실존적 위기는 내적 갈등이나 불안은 포함한 삶의 목표나 책임감, 독립성, 자유, 의무, 자아개념 같은 중요한 인간적 이슈와 함께 일어난다. 실존적 위기는 갑자기 자기 삶의 중요한 내적인 면이 충족되지 않는다는 것을 깨달을 때 발생한다. 40세의 사람이 자신의 일이나 조직에서 중요한 영향력이 없음을 깨달으면서 경험하는 위기일 수 있다. 모험 한 번 못해보고 관절염으로 침대신세를 지게 되는 50세의 남성의 이야기나, 60세의 사람이 자신의 삶이 의미가 없고, 의미있는 삶을 충족시킬 수 없다고 느끼는 만연한 공허감은 자기 목적과 자기 가치에서 위기를 경험하는 예이다.

3) 위기의 단계

Caplan(1965)은 위기의 발달, 진행에 대해 4단계로 구분하였다. 위기의 첫 번째 단계는 위기를 유발하는 사건에 대한 결과로 긴장이 유발된다. 해결해야 하는 새로운 사건을 만나면 긴장이 고조되고, 개인은 일반적으로 익숙하고 본인이 평소 사용하던 문제해결 유형으로 위기를 극복하기 위해서 노력한다. 두 번째 단계는 개인이 여전히 위기를 해결하지 못하기 때문에 더 높은 긴장상태에 놓이게 된다. 이 단계에서는 위기에 따른 자극이 지속되고 여전히 높은 긴장상태를 경험하면서 불쾌감이 증가하고, 개인이 사용하던 대처기제가 더 이상 작동하지 않는 상태를 경험하게 된다. 이 과정에서 문제에 성공적으로 대처할 수 없을 것이라는 생각과 함께 혼란감과 무기력을 경험한다. 세 번째 단계는 긴장감은 여전히 높은 상태로 유지되고, 내·외적 자원을 동원하여 새로운 대처 기제를 사용한다. 문제를 해결하기 위해 새로운 문제해결기술을 시도하고 문제가 재규정되거나, 목표의 일부는 달성할 수 없어 단념하거나 포기하게 된다. 이 시기에 개인은 허탈과 무력감을 느끼기 때문에 급성 우울증을 경험할 수도 있다. 네 번째 단계는 심리적인 와해를 경험하는 시기로, 문제가 계속되고 해결도 철회도 되지 않으면 압박은 극대화되고, 극도의 혼란상태에 빠지게 된다. 이때, 상당한 정서장애와 정신장애를 가져오거나 긴장을 완화시키기 위해 부적응적 대처를 사용하여 위기를 해결할 수도 있다. 부적응적인 대처를 통해 위기를 해결한다고 하더라도 장기적으로 사회적 기능에 손상을 가져올 위험을 내포하고 있다. 이상의 네 단계까지의 기간은 일반적으로 5~8주 정도가 된다(Smith, 1978).

반면, Rapoport(1967)는 위기를 초기, 중기, 종결의 3단계로 구분하였다. 위기의 초기단계에서는 스트레스를 주는 촉발사건으로 긴장감이 증가한다. 이 긴장은 개인이 위기상황에 대해 습관적인 문제해결 기제를 적용시키도록 강요한다. 만약 전통적인 대처기제가 실패하면 긴장이 증가하고 다음 단계로 돌입한다. 중간단계는 부정 등과 같은 문제해결기제를 위기해결을 위해 적용했을 때이다. 이와같은 기제는 문제를 해결하여 재정립하거나 부정하는 결과를 가져오게 된다. 마지막으로 모든 위기반응은 어떤 유형의 평행상태를 회복하는 종결의 단계가 있다.

France(2007)은 위기의 단계를 충격, 대처, 철수의 3단계로 구분하고 있다. 첫 번째 충격단계는 분명하게 극복할 수 없는 문제와 피할 수 없다는 반응이 나타난다. 문제에 대한 효과적인 통제가 부족해서 불안, 좌절, 분노, 우울과 같은 다양한 정서적 어려움을 경험하고 압도되는 느낌을 가지는 것이 특징이다. 이 과정을 설명하면서 학습된 무력감(Peterson & Seligman, 1993)의 개념을 사용한다. 일상적인 대응전략이 촉발사건으로 생긴 어려움을 해결하는 데 실패해왔다고 하면 이런 실패로 인한 개인의 인지적 지각은 이후 반응과 대처 노력에 영향을 준다. 즉, 개인의 노력이 원하는 결과를 이룰 수 없거나 원하지 않는 사건을 막을 수 없다는 믿음을 가지게 된다는 것이다. 개인이 인지한 통제결여의 상태가 되면 문제해결을 위한 시도가 적어지면서 동기가 감소한다. 때로는 인지적으로 제한적이 되며, 사건에 대한 다른 가능성을 배재하고 한 가지 해석에 초점을 맞추기도 한다.

두 번째 대처단계에서는, 압박감이 계속되면 개인은 그 상황을 완화시키기 위해 새로운 대처를 시도하게 된다. 이 단계에서 개인은 자신의 자원이나 능력을 넘어선 요구를 다루기 위해 정신적, 행동적으로 여러 가지 노력을 한다. 대부분의 위기는 이 단계에서 해결된다. 그러나 문제해결에 실패할 경우 다급함이 생기는 것을 관찰할 수 있다(Caplan, 1974). 위기에서 느끼는 압박감을 감소시키고자 하는 절실한 요구 때문에 위기는 짧다(Caplan, 1960). 문제를 해결하기 위해서 저항하거나, 회피하는 등의 다양한 전략을 사용한다. 이 과정에서 위기에 처한 사람들의 몇 가지 특성이 관찰된다. 일상적인 대처방법의 실패로 인한 스트레스는 새로운 문제해결 접근을 시도하게 한다(Callaha, 1998; Caplan, 1964; Corcoran & Allen, 2005; Kalafat, 2002; Shelby & Tredinnick, 1995). 대처단계에 있는 사람들은 다른 사람들로부터 영향을 더 많이 받는다 (Vecchi et al., 2005). 새로운 대안을 고려하고자 하는 의지와 도움을 받기 위해 수용성이 높아지는데(Caplan, 1974; Roberts, 2005), 원하는 도움이 즉시 가능하지 않을 때 어떤 경우 'cry for help'로서 삶에 위협이 되는 행동을 한다(Farberow & Litman, 1970). 충격 또는 대처단계에서 위기개입자를 만나는 경우가 많기 때문에, 새로운 대안을 고려하고, 타인의 영향을 많이 받고, 수용성이 높아져 있는 위기에 처한 개인에게 위기개입자의 역할은 매우 중요하다.

세 번째 철수단계는 적응적이거나 부적응적인 대처시도가 모두 스트레스를 경감시키지 않을 때 나타난다. 완화되지 않는 압박감을 지속적으로 직면할 수 없을 때 개인은 철회로 문제를 해결하려고 한다. 자발적 철회와 비자발적 철회로 구분될 수 있는데, 자발적 철회는 자살이다. 두 번째 대처단계에서 보인 'cry for help'와 달리 이 단계에서의 위협적인 행동은 죽음을 의도하는 것이며, 비자발적 철회는 정신분열과 같은 정신질환의 형태로 나타난다. 질환의 형태와 상관없이 사고의 방해, 인지왜곡, 기분장애, 행동의 장애, 대인관계의 어려움 등을 동반한다.

3. 위기의 반응

위기를 경험한 사람들은 크게 세 가지 범주로 구분될 수 있다(Mitchell & Everly, 2006). 첫 번째는 평소 기능을 잘 수행하는 유스트레스(eustress)집단이다. 두 번째는 일상생활에서 부적응적이거나 기능의 상당한 손상을 보이는 장애(dysfunction)집단이다. 세 번째는 위기로 인해 급성의 기능손상을 보이지만, 빠르게 회복하는 디스트레스(distress)집단이다.

일반적으로 외상사건과 같은 위기를 경험한 사람들 중 15~20%의 사람들은 심리, 행동적으로 상당한 손상을 보이는 것으로 나타난다. Raphael (1986)은 재난 생존자의 25%가량은 심리적 응급처치를 통해 상당한 도움을 받을 것이라고 설명하고 있다.

위기시에 사람들이 보이는 반응을 디스트레스와 장애로 구분하여 아래와 같은 다섯가지 범주로 나누어 볼 수 있다.

1) 인지적 반응

인지적 디스트레스 (cognitive distress)	인지적 장애(cognitive dysfunction)
일시적인 혼란감 집중하기 어려움 문제해결능력의 감소 압도됨 사건에 집착(강박) 사건의 재경험 악몽	자살/살해 생각 편집증적 사고 환각 망상 지속적인 무망감/무력감 인지능력의 감소 일상생활이 어려울 정도의 혼란감

2) 정서적 반응

정서적 디스트레스 (emotional distress)	정서적 장애 (emotional dysfunction)
불안 슬픔 과민 분노 우울 기분의 두드러진 변화 상실 – 애도	공황발작 회피, 멍함 심각한 우울 외상 후 스트레스 장애

3) 행동적 반응

행동적 디스트레스 (behavioral distress)	행동적 장애 (behavioral dysfunction)
일시적인 공포의 회피 강박행동 수면장애(sleep disturbance) 섭식장애(eating disturbance) 철수 깜짝 놀람 울기	지속적인 회피 반사회적 행동 공격성(폭력성) 자기치료 알코올, 약물중독 충동적인 행동, 위험행동

4) 신체적 반응

신체적 디스트레스 (physical distress)	신체적 장애 (physical dysfunction)
심박수 급증/급감 두통 과호흡 근육경련 심인성 발한 피로/소진 면역력 감소	가슴통증 지속적인 불규칙한 심박 발작 반복적인 현기증 혈뇨, 혈변, 혈담 무감각/마비(특히 팔, 다리, 얼굴) 실어증

신체적 디스트레스에서 나타나는 신체적, 생리적 변화가 지속된다면 반드시 의료진의 평가가 필요하다. 특히, 신체적 장애가 나타날 경우에는 지체없이 반드시 의료적인 도움을 받도록 해야 한다.

5) 영적 반응

영적 디스트레스 (spiritual/faith distress)	영적 장애 (spiritual/faith dysfunction)
신에 대한 분노 신앙공동체에서 철수 신에 대한 의심	종교적 활동의 중지 종교적 망상이나 환각

영적인 부분의 장애가 나타날 경우, 특히 심각하게 다루어야 한다. 위기에 대한 인식과 해석은 개인이 가진 세계관에 기반하고 있다. 영적인 장애를 보이는 것은 개인이 가진 세계관에 상당한 영향을 받았다는 증거라고 할 수 있기 때문이다.

4. 위기의 평가

효과적인 위기개입은 빠르고 정확한 평가에 달려있다. 위기시에 이루어지는 평가는 많은 경우 긴박한 상황에서 즉흥적, 주관적, 상호적으로 이루어지는 경우가 많기 때문에 DSM과 같은 진단기준이나 실제 임상평가에서 주로 사용하는 형식을 갖춘 도구나 기법을 사용하는 것은 적절하지 않다(James & Gilliland, 2005). 그럼에도 불구하고 정확한 평가를 하는 것은 중요하다. 첫 만남에서 현재의 상태와 위기의 심각성, 대처기제와 지지자원, 치명성 정도를 판단하는 것은 효과적인 위기개입을 위해서 필수적이다. 일반적으로는 위기시에 충분한 진단을 하거나 위기에 처한 사람에 대한 심층적인 정보를 얻을 수 있는 시간이 없다. 따라서 위기개입자는 신속하게 몇 분 이내에 위기에 처한 개인의 반응을 평가하고 개입을 시작해야 한다. 신뢰할만한 평가과정은 중요하다. 위기의 평가가 다른 평가와 어떻게 다른지 이해하는 것은 위기개입자의 효율성을 높일 수 있다.

1) 평가의 중요성

위기 반응에 대한 정확한 평가의 실패는 내담자와 위기개입자 모두에게 위험할 수 있다(Hoff. 1995). 잘못된 평가는 효과적이지 않은 도움을 제공할 수 있고, 위기에 처한 사람에게 파괴적인 심리적 방해를 초래할 수도 있다(James & Gilliland, 2001). 위기개입자는 위기에 처한 사람들의 반응을 빠르게, 때로는 몇 분 내에 평가해서 개입을 시작해야 하며, 이들의 반응을 지속적으로 모니터 하면서 어떤 수준의 개입이 필요한지 결정해야 한다(Myer, 2001). 평가기술의 부족은 위기개입자의 한 가지 또는 그 이상의 부주의에서 비롯된다. 첫째, 위기개입자는 위기에 처한 사람에게 온전히 집중하지 못할 수 있다. 이들은 다른 내담자, 다른 프로그램, 일이 끝나고 할 일 등에 대해서 생각할 것이다. 집중하거나 주의를 기울이는 것에 실패하는 것은 항상 부적절한 평가로 이어질 수밖에 없다. 둘째, 위기개입자는 이와 비슷한 이야기를 수백 번 넘게 들어왔기 때문에 정형화된 치료가 필요하다고 생각할 수 있다. 하지만 개인마다 위기에 대한 반응은 다르기 때문에 비슷한 위기라도 필요한 개입은 다를 수 있음을 위기개입자는 명심해야 한다. 각 개인에게 적절한 서비스를 제공하는 데 실패하는 것은 태만으로 여겨질 수 있기 때문에 비윤리적이다. 부주의는 효과적이지 않거나 위험을 내포한 개입으로 이어질 수 있다.

셋째, 위기개입자가 자신의 한계를 인식하지 못하고, 본인의 문제를 인식하지 못하고 있는 경우 위기에 처한 사람들을 도와줄 수 있다고 믿는다. 이런 신념은 소진으로 이어질 수 있다. 위기개입자는 위기에 처한 사람들의 행동에 책임질 수 없음을 인정할 수 있어야 한다. 이 문제는 특히 개입자의 노력에도 불구하고 위기에 처한 사람이 자살했을 때 매우 극심하다. 위기개입자는 본인이 완벽하고 모든 사람들을 도울 수 있다고 확신해서는 안 된다. 수퍼비전은 위기개입자가 이런 주장을 받아들이도록 도와주는 한 가지 방법이다. 위기개입자는, 특히 자살이나 살해 생각이 있는 위기에 처한 사람에 대해 개입할 때 수퍼비전과 자문의 필요를 인식하고 있어야 한다. 넷째, 부적절한 훈련 역시 충분하지 않은 평가를 하도록 한다. 위기개입자들은 효과적이고 효율적인 개입을 원한다면, 위기이론과 평가에 대한 훈련을 받아야만 한다.

잘못된 평가의 결과로 나타나는 대표적인 사례 중 한 가지는 과도한 입원이다. 어떤 위기개입자는 위기에 처한 사람이 새로운 대처기술을 배우고 위기상황에 대해서 설명하도록 하기 보다는 병원에 보내기 위해서 진단하려고 한다. Hoff(1995)는 이것이 개인과 정신건강 시스템 모두에 부당하다고 믿는다. 위기개입의 기본적인 가정은 위기상황에서 보이는 위기에 처한 사람의 반응은 병리적이지 않다는 것이다(Shapiro & Koocher, 1996). 일상적인 기능과 비교할 때, 급성의 반응이 나타나지만, 그것이 병원입원을 뜻하는 것은 아니다. 위기상황에 대한 반응을 보이는 사람을 단순히 진단하기 보다는 성장을 위한 기회로 보는 것이 필요하다. 위기개입자는 진단을 내리거나 입원을 권할 때에는 주의를 기울여야 한다. 위기개입자가 진단하고, 입원을 고민할 때 자문을 구해야 하는 것처럼, 이제 막 시작하는 위기개입자는 더 많은 도움을 필요로 할 것이다. 의심이 들면 진단하거나 입원하기 전에 두 번, 세 번 의견을 구해야 한다.

한편 잘못된 평가의 영향은 심각하다. Hoff(1995)에 따르면 사람들이 도움을 얻기 위해서 '자살행동을 할 수도 있다'는 것이다. 따라서 평가는 위기의 성질과 상황의 반응을 결정하기 위한 치료와 함께 수행되어야 한다.

위기가 아닌데, 위기가 발생했다고 하는 사람들을 알아내는 3가지 방법이 있다. 첫째, 위기개입자는 모순된 반응에 주의를 기울여야 한다. 사람들은 위기에 처하면 엉뚱한 행동을 하는 경향이 있다. 위기가 발생했다면 반응 강도의 부조화에 주의를 기울이는 것이 평가의 한 방법이다. 둘째, 위기개입자는 정신질환의 증상과 꾀병에 대해서 잘 알아야 한다. 셋째, 건강한 수준의 회의적인 태도는 위기상황의 평가과정에 필요하다. 위기개입자는 그들이 무엇을 이야기 했는가를 이해하고 있는지 확인하기 위해서 내담자와 본인에게 지속적으로 질문을 하면서, 사람들이 나타내는 반응의 의미와 의도를 반드시 평가해야 한다. 이런 적절한 수준의 회의적인 태도는 정신건강 시스템의 잘못된 사용과 위기행동을 강화하는 것을 피하는 데 도움이 된다.

위기에 처한 사람들을 전체적인 맥락에서 전인적인 존재로 보지 못하고 정서적인 반응에만 초점을 맞추는 경우가 빈번하다. 일단 정서가 안정되면 눈에 띄는 증상이 사라진 것처럼 보이기 때문에, 개입이 조기에 종결될 수 있다. 그러나 다른 반응들이 뒤늦게 나타날 수 있기 때문에 위기개입자는 정서적인 부분뿐만 아니라 신체적·인지적·행동적 심지어는 영적인 영역까지 평가해야 한다.

위기개입처럼 충분하고 심층적인 정보를 얻기 어려울 때에 신속한 평가절차인 '위기분류 평가체계(Triage Assessment System: Myer et al., 1991)와 같이 위기상황과 관련한 정보를 얻을 수 있는 빠르고 효과적인 방법을 사용하는 것이 좋다. 위기분류평가체계는 위기개입자가 정서(affective), 행동(behavioral), 인지(cognitive) 영역의 기능을 평가하는 데 도움을 준다. 위기의 심각성 정도는 위기에 처한 개인이 다양한 기분이나 느낌, 정서, 욕구 등에 자율적으로 변화하고 적응적으로 대처할 수 있는 능력에 영향을 줄 수 있으며, 이는 위기개입자가 어느 정도로 지시적이어야 하는지 판단할 수 있게 한다. 위기개입자는 위기에 처한 사람의 상태에 따라 안전하게 진정시키는 데 얼마나 많은 시간이 소요될 것인지 판단할 것이다. 위기는 시간제한적인 특성을 가진다. 즉, 대부분의 급성위기는 며칠 내에 좋은 것이든 나쁜 것이든 변화를 가져온다. 위기의 심각성은 위기에 처한 개인의 주관적인 견해와 위기개입자의 객관적인 견해로 평가된다. 객관적인 평가는 ABC(affective, behavioral, cognitive)

와 관련한 3가지 영역에 대한 평가를 기초로 한다.

2) 정서상태

비정상적이거나 손상된 정서는 위기에 처한 사람의 정서적 균형이 깨어진 상태에 있다는 첫 번째 징후이다. 위기에 처한 사람이 지나치게 감정적이고 통제를 벗어났거나 심히게 철회하고 고립되었을 수 있다. 위기개입자는 위기에 처한 개인이 적절하고 현실적인 방법으로 감정을 표현하여 통제감을 회복하고, 개인의 정서에 대해 유연하고 적응적으로 대처할 수 있도록 도울 수 있다. 위기개입자는 현실적인 방법으로 감정을 표현하는가를 주로 살펴보게 된다. 이 단계에서 할 수 있는 질문은 다음과 같다. 정서적인 반응이 상황과 일치하는가? 다른 사람들도 이런 상황에서 비슷한 정서를 보이는가? 감정이 충동적 상태인가, 격분상태인가, 충격상태인가? 정서가 이상하거나 건강하지 않은 상태를 간과하는 것은 위기개입자의 실수이다.

위기에 처한 사람들은 자신의 감정을 말로 표현하지 않을 수도 있기 때문에 위기개입자는 언어적인 행동뿐만 아니라 비언어적인 행동을 관찰해야 한다. 비언적으로 표현된 정서를 파악하는 것이 쉽지 않지만 비언어적 단서에 주의를 기울여 신호의 의미에 민감하도록 해야 하고, 빠르고 정확하게 정서반응을 인식해야 한다. 특히, 생리적 반응은 문화의 영향을 적게 받지만, 비언어적 행동은 문화, 개인, 상항에 따라 다를 수 있음을 명심해야 한다.

3) 행동기능

위기개입자는 행동이나 활동에 주의를 기울여야 한다. 위기를 경험하면 균형감각이 깨어지면서 이러한 사건을 다루는 평상시의 대처 기제가 실패하게 된다. 그 결과로 위기를 해결하기 위한 새로운 행동을 시도하게 된다. 위기개입에서 위기에 처한 사람을 움직일 수 있게 하는 가장 빠른 방법은 즉시 취할 수 있는 긍정적인 활동을 촉진시키는 것이다. 위기경험이 성공적이었다고 평가하는 사람들 대부분은 위기시에 가장 도움이 되는 대안은 구체적이고 즉각적인 활동에 참여하게 하는 것이라고 한다. 그러나 그것이 위기에 처한 사람이 가장 원하는 것이라 하더라도 개인의 정서나 욕구에 대해 즉각적이고 자율적으로 대처하지 못하는 사람이라면 독립적이고 자율적인 행동을 취하기 어려울 수 있다. 위기개입자는 위기에 처한 사람에게 건설적인 행동을 할 수 있도록 긍정적인 활동을 촉진하는 다음과 같은 질문을 하는 것이 좋다. 이전에 이와 비슷한 경우 어떻게 행동했습니까? 지금 할 수 있는 것은 무엇입니까? 지금 바로 만날 수 있는 사람이 있습니까? 있다면, 이 위기에서 당신을 지지할 수 있는 사람이 있습니까? 본인의 정서나 욕구에 대해서 즉각적이고 자율적으로 대처하지 못하는 사람들이 가지는 근본적인 문제는 통제감의 상실이다. 위기에 처한 사람이 구체적인 개입에 참여하게 된다면, 통제력이 회복되고 향상의 분위기가 형성된 긍정적인 상태가 될 것이다.

4) 인지상태

위기개입자는 인지적 반응보다 정서적, 행동적 반응이 눈에 더 잘 띄기 때문에 관심을 가지는 경우가 많다. 그러나 위기에 처한 사람들이 보이는 인지적인 반응은 장기적으로 영향을 미칠 수 있기 때문에 정확하게 평가하는 것이 필요하다. 위기시에 보이는 정서적 반응이 진정되고, 행동이 일상적인 기능수준으로 회복된다면 위기가 끝났다고 믿기 쉽다. 드러나 인지적 반응에 주의를 기울이지 못한다면, 외상사건 이후 몇 년 뒤에라도 심리적인 문제가 초래될 가능성이 있다(Meichenbaum & Pitzpatrick, 1993).

위기에 처한 사람의 사고패턴에 대한 평가는 여러 중요한 문제에 답을 준다. 위기에 대한 개인의 생각이 얼마나 현실적이고 일관성이 있는가? 위기를 악화시키는 부분적 신실을 믿고 있거나 과장하거나 합리화 하고 있지는 않은가? 위기상황에 대한 신념 변화에 얼마나 개방적인가? 위기에 처한 사람의 사고 패턴에 대한 파악은 위기개입에 방향을 제시한다. 위기개입자는 위기에 처한 사람의 불합리하거나 혼돈스러운 생각이 잘못되었음을 밝히고, 위기와 대안에 대한 긍정적이고 생산적인 사고 패턴을 개발하도록 돕기 위해 인지평가를 사용할 수 있다.

5) 심각성의 수준[1]

정서, 행동, 인지의 세 영역에 대한 평가를 실시하고, 수준의 합을 통해서 현재 위기에 대한 수준을 평가할 수 있다. 각 영역에서 가장 심각한 수준을 보이는 것부터 개입을 실시해야 한다. 심각성 수준의 합은 어떻게 직접적으로 개입해야 하는지를 설명하고 있다. 각 영역의 수준의 합은 3~30까지로 나타나는데, 점수가 높을수록, 전반적인 반응이 더욱 심각한 것을 뜻한다. 심각성 수준을 크게 세 가지로 구분하는데, 3~12는 간접적 접근, 13~22는 협력적 접근, 23~30은 직접적 접근으로 구분한다(James&Gilliland, 2001). 간접적 접근은 'you' 접근법이라고 명명하고 다음과 같은 질문을 할 수 있다. 당신은 위기를 해결하기 위해서 무엇을 하고 있나요? 이 개입과정은 개인상담과 유사한 형태를 가진다. 협력적 접근법은 'we' 접근법이라고 명명한다. 위기개입자는 위기에 처한 사람과 팀을 이루어 문제를 해결한다. 문제해결에 단서가 될 수 있는 아이디어를 제공하고, 위기에 처한 사람이 스스로 자신의 방식을 만들어 갈 수 있도록 돕는 것이다. 이들에게는 위기를 해결할 수 있는 단초가 되어줄 '마중물'이 필요한 것이다. 직접접 접근법은 'I' 접근법이라고 명명한다. 위기개입자는 '나는 당신이 이렇게 하면 좋겠어요'와 같이 이야기할 수 있을 것이다. 이 수준에서 위기에 처한 사람이 위기반응을 경험한다면, 이들은 위기개입자의 요청을 손쉽게 받아들이고 따라하게 될 것이다. 중요한 것은 어떤 영역에서든지 8단계 이상의 극심한 손상을 보인다면, 위기개입자는 이들을 도와줄 또 다른 도움을 요청해야 한다.

6) SEA-3 관찰에 근거한 현장평가도구

SEA−3 정신상태 평가는 위기에 처한 개인의 정신상태를 평가하기 위해서 사용한다(Everly, 2006). 어떤 평가는 직접 질문하거나 심지어는 퍼즐을 맞추는 것처럼 이루어져 있다. 어떤 것들은 단순히 관찰을 기본으로 하는 것도 있다. SEA−3 평가는 관찰에 기초를 두고 있는 현장평가 도구로, 위기시에

---

1) [별첨 1]

쉽게 기억하여 사용할 수 있는 현장평가 도구이다. 이것은 임상적인 진단을 위한 도구가 아니며, 인지기능을 직접 평가하는 도구도 아니다. SEA-3는 정신상태의 5가지 추정되는 요인들을 이용하고 있으며 위기에 처해서 고통을 겪고 있는 개인을 평가하는 데 유용하다.

언어(speech)	질, 양, 흐름, 구조 등
정서(emotion)	지배적인 기분, 적절성, 정서없음, 도취상태, 우울, 화, 공격성, 불안, 두려움 등
외모(appearance)	단정함, 청결함, 기행, 일반적이지 않은 신체적 특성
각성(alertness)	사람/장소/시간에 대한 인지, 통찰, 판단력, 기억력, 지적기능, 사고의 주제/내용
행동(activity)	얼굴 표정, 자세, 움직임, 대인관계 상호작용

앞서 언급한 것처럼 위기시에 정형화된 평가를 사용하기 어려울 때, 이와같은 관찰에 근거한 툴을 통해서 개인의 현재 상태를 평가해 보는 것은 매우 효과적이다. 특히, 대규모 재난이나 인명피해가 발생한 곳 등 많은 사람을 대상으로 위기개입이 이루어져야 하는 현장에서는 더욱 효과적일 수 있다.

SEA-3 평가도구는 관찰에 기초하고 있기 때문에 위기개입자는 위기에 처한 사람을 면밀히 관찰하는 것이 필요하다. 관찰을 기반으로 외모나 행동의 특성을 통해 개입의 우선순위를 정할 수도 있다.

위기개입의 이해

---

1. 위기개입의 이해

1) 위기개입의 역사

위기개입은 극심한 디스트레스를 경험하는 개인이나 집단에 제공되는 일시적이고, 적극적이며, 지지적인 개입이다. 심리치료와 위기개입은 분명한 차이를 가지고 있고, 개인과 집단을 대상으로 하는 개입절차 역시 차이점을 가지고 있다(Mitchell, 2004).

위기개입은 1870~1871년 프로이센-프랑스 전쟁 당시 프랑스 군대에서 처음으로 적용되었다(Mitchell, 2007). 최전방에서 심리적으로 힘들어 하는 군인들을 다른 곳에 배치하는 것과 같은 간단한 과정을 실시했다. 즉, 전쟁의 자극을 줄이는 것으로 영양가 있는 식사와 휴식을 제공하고, 의료진과 이야기할 수 있도록 하였다. 이를 통해 힘들어하는 군인들을 진정시킬 수 있었고, 기능을 회복할 수 있었다.

1906년 스위스의 정신과 의사였던 Eduard Stierlin은 독일 국경부근 프랑스 북부에서 발생한 1,100명의 광부가 사망한 대형 광산사고 이후 피해자 및 광부 가족을 대상으로 심리적인 지지를 제공하였다.

미국에서는 정신과 의사였던 Thomas Salmon박사의 지휘아래 전방 바로 뒤에서 심리적인 지지를 제공하였다. 이들 중 65%가 3~4일 뒤 전장으로 복귀했다. 이와 반대로, 위기지원이 없는 상태에서는 40%가 전쟁터로 복귀했는데, 복귀하기까지 무려 3~4주가 소요되었다.

　이후 위기개입은 제2차 세계대전 동안 '심리적 응급처치', '정서적 응급처리' '초기 심리적 개입' 등의 이름으로 알려지게 되었다. 위기개입은 이름과 상관없이 같은 역사와 이론적 근거, 핵심원칙을 적용하고 있다.

　'심리적 응급처치'라는 용어의 첫 번째 사용은 제2차 세계대전 이전으로 거슬러 올라간다(Dewey, 1933). 민간인과 군인사회에서 광범위한 지지서비스를 의미하며 많이 사용되었다. Blain, Hock & Ryan(1945) 등은 심리적 응급처치를 미국 대형 상선이나 군인들을 위한 '디브리핑 도구'로 설명하기도 한다. Terr(1992)는 심리적 응급처치를 전쟁 이후 영국 군인들을 위한 집단상담 회기로 사용하기도 하였다.

　1944년 보스턴에서 있었던 끔찍한 코코넛 그루브 화재사고 이후, Erik Lindermann(1944)과 Gerald Caplan(1964)은 위기개입에서 오늘날까지 사용되는 핵심원칙을 만들어 냈고, 핵심기술의 일부는 현재 위기개입에서도 여전히 사용되고 있다.

　1950년대 중반, 냉전의 시기에 심리적 응급처치는 재난시에 일반적으로 적용되었다(American Psychiatric Association Committee on Civil Defense, 1954). 당시 심리적 응급처치는 위기에 처한 사람들을 돕기 위한 광범위한 지지서비스로 이해되고 있었다. 당시 미국임상심리 저널의 편집자인 F.C. Thorn은 다음과 같이 이야기했다. '예방차원으로 많은 장애는 주의를 기울이면 미연에 방지할 수 있다. 본질적으로 심리적 응급치료는 유연하고, 일시적이며, 결과를 얻기 위한 가능한 모든 방법으로 활용되어야 한다.'

　1960년대 Gerald Caplan은 위기개입에 관한 지식과 기술을 입증하였고, 그의 저서는 위기개입 프로그램의 '바이블'로 불리고 있다.

　1970년대 초반, 매릴랜드 대학교 Jeffery T, Mitchell은 외상사건 이후 응급 종사자를 위한 위기지원의 필요성에 대해 저술하기 시작하였으며, Everly와 함께 CISM으로 알려진 광범위한 스펙트럼의 위기개입 전략을 만들었다.

특히 CISM은 2007년부터 UN에 근무하는 종사자를 위한 위기개입 프로그램으로 채택되어 세계 전역에서 사용되고 있다.

이후 1990년대 이후 Albert Roberts, Rick A. Myer, Richard K. James, Burl E. Gilliland 등은 새로운 위기개입 모델을 소개하며, 위기개입은 현재에 이르고 있다.

2) 위기개입과 심리치료

위기개입은 종종 장기 또는 단기 심리치료나 심리상담과 혼동하여 사용되기도 한다. 심리치료와 위기개입에 대한 구분을 정확하게 하지 못하는 것은 적절한 위기개입을 어렵게 만든다.

위기개입과 장기적인 심리치료의 가장 큰 차이는 심리치료는 문제를 규명하고, 대안을 파악하고, 계획을 세우는 범위가 훨씬 넓고 개입의 효과성을 점검하기 위해서 지속적인 피드백의 과정을 가진다는 것이다. 이와 같은 상담과정은 세션 이후 진행사항을 검토하고, 필요하다면 행동계획을 내담자와 협의해서 재정의하고 다음 회기 전에 해야 할 새로운 과제를 내는 것이다 (James & Gilliland, 2005). 반면 위기개입은 시간의 구성이 압축적이고, 문제의 범위도 명확하다. 심리치료가 주 단위 이상의 시간을 두는 것에 반해 위기개입은 짧게는 몇분 길게는 1시간 이상의 시간을 개입하기도 한다.

Aguilera와 Messick(1998)은 위기개입과 정신분석, 단기치료를 비교하였다. 정신분석은 성격의 재구조화에 목적을 두고 과거와 무의식에 치료초점을 두고 있다. 치료자는 탐색적, 비지시적, 수동적 관찰자의 역할을 주로 하며, 치료기간도 제한을 두지 않는다. 단기치료는 구체적인 증상제거에 치료의 목적을 두고, 현재상황과 관련한 과거나 무의식의 억제에 치료의 초점을 둔다. 치료자는 지지적이거나, 간접적, 참여적 관찰자의 역할을 한다. 단기치료의 치료기간은 1~20회 정도로 설정한다. 이와 달리 위기개입은 위기해결에 목표를 두고, 현재와 위기 이전으로 기능을 회복하는 것에 개입의 초점을 둔다. 위기개입자는 지지적이고 직접적이며 적극적 참여자의 역할을 한다. 평균적인 치료기간도 1~6회로 아주 짧다.

James와 Gilliland(2005)는 장기치료와 위기개입의 원칙을 다음과 같이 비교하였다. 장기치료는 완전한 진단적 평가를 바탕으로 하고, 전인적인 면에서 기본적인 기저의 원인에 치료의 초점을 둔다. 또한 장기적인 욕구 충족을 지향하고 성격에 대한 포괄적인 처방을 하는 것을 치료 계획으로 세우고, 내담자의 전체 기능 측면에서 치료의 결과를 확인한다. 위기개입은 신속한 위기평가와 분류를 바탕으로 즉각적인 외상적 요소에 개입의 초점을 둔다. 위기증상을 경감시키는 즉각적인 욕구에 초점을 둔 개별화된 문제에 대한 구체적인 처방을 내리는 것을 개입의 계획으로 세우고, 위기 이전의 수준을 회복하는 것으로 개입의 결과를 평가한다.

Everly(1999)는 여러 연구를 종합하여 심리치료와 위기개입의 차이를 다음과 같이 구분하고 있다.

	Crisis Intervention	Psychotherapy
목 적	고통을 줄이기 위한 심리적 응급처치와 적응적인 기능으로 회복하기 위한 도움 제공	개인의 성장과 발달
맥 락	예방, 적응적 기능의 회복	재구조화, 성장
시 기	즉시, 스트레서에 시간적으로 밀접	지연, 스트레서로부터 먼
장 소	스트레서와 가까운 곳, 필요한 곳 어디나	안전한 곳
기 간	몇 분 길이의 접촉, 3~5회, 최대 8회	8~12회, 필요한 경우 몇 개월
시간적 초점	Here & now	Present & past
전략적 초점	의식적인 과정, 환경적인 스트레서/요인	병리와 의식/무의식적인 자원
제공자 역할	Active, directive	Guiding, collaborative, consultative
제공자	위기에 처한 사람을 돕고자 하는 훈련된 사람, 정신건강전문가/준전문가/성직자 등	정신건강 전문가
목표	안정, 손상의 감소, 기능의 회복, 돌봄의 다음단계로 옮겨가기	증상감소, 개인의 성장, 재구조화

Sources: Aguilera, et al.(1970); Artiss(1963); Everly & Mitchell(1998); Koss & Shiang (1994); Salmon(1919); Sandoval(1985); Slaikeu(1990); Spiegel & Classen(1995); Wilkinson & Vera(1985).

3) 위기개입의 목적

위기개입은 여러 가지 차원에서 심리치료와 큰 차이를 가진다. Caplan (1961)은 위기개입은 아래와 같은 네 가지 목적을 통해 자연적인 회복력을 강화하는 것이 주요한 목적이라고 정의하고 있다.

첫 번째 목적은 안정화이다. 안정화는 위기시에 나타나는 생리적인 급성의 디스트레스 증상을 완화하고 정서적 긴장감을 감소시키며, 안정화하는 것이다. 더불어 개인에게 필요한 자원을 모으고 외상사건의 영향력을 감소시키는 것이다.

두 번째 목적은 비정상적인 사건에 대해 보이는 정상적인 반응을 보이는 사람들에 대한 정상적인 회복 과정을 촉진하고 반응을 정상화하는 것이다. 이런 정상화 과정을 통해서 증상을 감소시키는 것이다.

세 번째 목적은 응집력과 수행능력을 강화하고, 개인의 적응적인 기능을 회복하는 것이다. 치료의 개념이 아닌 위기 이전의 기능을 잘 수행할 수 있도록 돕는 과정이다.

네 번째 목적은 도움이 필요한 사람을 확인하고, 적절한 연계를 받을 사람을 확인하는 것이다. 이런 과정을 통해서 지속적인 도움이 필요한 사람에 대한 사례관리가 가능하도록 촉진한다. 일련의 개입과정을 통해 이후 도움에 대해 적극적이며 개방적인 자세를 가지도록 하는 부가적인 이익을 얻을 수 있다.

2. 위기개입의 원칙

앞서 언급한 것처럼 위기개입은 종종 상담이나 심리치료와 혼동되기도 한다. 군 정신의학에서 적용된 P-I-E원칙은 이를 구별해주는 데 도움이 될 것이다. 위기개입의 주요한 원칙인 P-I-E는 위기개입의 특성을 잘 정의해주는 대표적인 단어이다.

P: 근접성(proximity) – 가장 효과적인 위기개입은 작전지역 또는 외상을
　　　　　　　　　경험한 곳 또는 개인이 편하게 느끼는 곳에서 일어
　　　　　　　　　난다. 즉, 위기개입에서는 '방문(outreach)'하는
　　　　　　　　　것이 필요하다.
I: 즉시성(immediacy) – 위기반응에 대해서 빠른 개입이 필요하다. 개입이
　　　　　　　　　지연되면 더 많은 고통과 문제를 야기한다.
E: 기대(expectancy) – 위기개입자는 위기에 처한 사람의 반응을 병리적
　　　　　　　　　으로 보지 않고 개인이 경험하는 어려움을 위기
　　　　　　　　　에 따른 자연스러운 반응으로 이해하며, 합리적
　　　　　　　　　이고 긍정적인 결과가 있을 것이라는 기대를 설
　　　　　　　　　정해야 한다.

　위의 세 가지 원칙은 위기개입과 심리치료의 가장 큰 차이이며, 위기개
입의 핵심원칙이라고 할 수 있다. Zahava Solomon은 PIE의 세 가지 요소의
작용을 확인하기 위해 이스라엘 군인을 대상으로 연구한 결과 기대감이 가
장 도움이 되는 것으로 나타났다(Solomon & Benbenishty, 1986). 또한, 20년에
걸친 종단연구 결과 PIE원칙에 근거한 도움을 받은 군인들은 그렇지 않은 군
인보다 전역 이후의 삶이 나은 것으로 나타났다(Solomon, Shklar&Mikulincer,
2005).
　이후에 단순성과 간결성, 혁신성, 창의성의 원칙이 추가되었다.
　– 단순성 : 사람들은 위기를 경험하는 동안 복잡한 문제가 아닌 단순한
　　　문제에 반응한다는 것이다. 즉, 이에 대응하기 위해서 위기개입은 단
　　　순해야 한다는 것이다.
　– 간결성 : 최대 1시간 이내의 몇 분간의 짧은 접촉으로 이루어진다. 위
　　　기개입은 일반적으로 3~5회 정도면 끝이 난다. 위기개입은 간결해야
　　　한다.

- 혁신성 : 위기개입 제공자는 특별하고 정서적으로 고통스러운 상황을 다루기 위해서 창의적이어야 한다. 새로운 해결책을 생각하는 것은 필수적이다.
- 실용성 : 위기를 해결하는 일을 한다면 그 제안은 실행 가능하며, 실용적인 것이어야 한다.

위기개입의 원칙

근접성 proximity
즉시성 immediacy
기대 expectancy
단순성 simplicity
간결성 brevity
혁신성 innovation
실용성 pragmatism

(Solomon & Bennishty, 1986, Rapoport, 1965, Fieb & Tancredi, 1975)

---

3. 위기개입의 매커니즘

위기개입이 주는 효과의 기제나 과정을 정확하게 아는 것은 효과적인 위기개입을 위해서 중요하다. 예를 들면, 향정신성 약물의 기제에 대해 이해하는 것은 약의 사용에 필수적이다. 때로 약물의 주 효과뿐만 아니라 부작용 때문에 처방이 되기도 한다. 심리적인 개입이나 행동적인 개입에서도 개입의 작용기제를 정확하게 알고 개입하는 것이 필요하다.

앞서 살펴본 것처럼 위기개입은 심리치료와 매우 다르다. 둘 다 기본적인 의사소통 기술과 타인에게 의미있는 방식으로 관계를 맺도록 하는 능력에 기초하고 있지만, 다른 훈련과 개입의 과정을 갖는다.

Kardiner와 Spiegel(1947)뿐만 아니라 Salmon(1919) 그리고 Artiss(1963)

은 심리적 위기 동안에 제공되는 응급돌봄과 심리치료의 차이를 설명하면서 PIE(proximity, immediacy, expectancy)의 원칙을 설명하였다. 또한 Slaby 등 (1975)은 응급정신질환의 맥락에서 위기개입에 대한 성공적인 요인으로 신속성, 혁신성, 실용성을 언급하였다. Spiegel과 Classen(1995)은 정신질환 치료에 대한 리뷰에서 위기개입을 뒷받침하는 과정을 분석하여 다음의 내용을 언급하였다.

- 개입시점의 신속성
- 사회적 지지와 경청
- 감정의 분출(카타르시스)
- 동일하거나 비슷한 위기를 경험한 사람들에 의해 공유된 경험의 공통성
- 위기에 대한 인지적 과정
- 교육, 정상화, 대처반응에 대한 교육

집단을 대상으로 하는 위기개입에서 치료적인 요인들은 일반적인 개인 위기개입과 조금 다른 차이를 가진다. 1960년대와 70년대 집단치료자로 잘 알려진 Irving Yalom(1970)은 본인의 저서에서 집단이 가지는 치료적 요인에 대해 다음과 같이 언급하고 있다.

- 대인 간 학습(다른 집단 구성원으로부터의 학습)
- 카타르시스(감정의 정화)
- 응집성(집단의 필수적인 부분으로 느끼거나 집단과 동일시하는 방식으로 타인과 관계 맺는 것)
- 개인적 통찰력(자기성찰과 타인으로부터의 정보를 통해 자신에 대해 얻는 지식)
- 다른 사람들에 대한 대인 간 가르침
- 실존주의적 인식
- 보편성(특별한 취약성과 특정한 약점에 대한 미신의 파괴)
- 희망감 고취

이런 요인들은 치료적 집단뿐만 아니라 위기개입에서도 유효하게 작용한다. Wollman(1993)은 집단개입의 효과성에 대한 분석결과 다음의 요인들을 언급하고 있다.

- 집단 응집
- 보편성
- 카타르시스
- 모방 행동
- 희망의 주입
- 정보의 전달(교육)
- 이타주의
- 시기적절함
- 실존적 요인들

이와 같은 개입의 효과적인 요인을 바탕으로 위기개입에서 작용기제의 핵심이라고 보이는 4가지 요인에 대해 Everly와 Mitchell(2008)은 다음과 같이 정리하고 있다.

1) 초기개입

첫 번째로 초기개입이다. 초기개입은 위기개입에서 중요한 요소로 인식되어 왔다. Salmon(1919)과 Artiss(1963)는 세계 1,2차 대전을 통해 신속한 정신질환 개입의 중요성을 언급하였다. Lindy(1985)는 외상사건 이후 피해자들이 "외상막"이나 보호막의 생성을 통해서 세계로부터 자신을 단절시키기 시작한다고 하였다. 이러한 구조 때문에 보호막이 오래될수록 점점 더 뚫기 어려워진다고 하였다. 더 일찍이 Rapoport(1965)는 Spiegel and Classen(1995)와 마찬가지로 응급 정신의학에서 조기개입의 실제적인 중요성을 주장했다. Bordow과 Porritt(1979)의 실증적 연구에서는 즉각적인 개입이 지연된 개입보다 더 효과적이라는 결론을 지지했다. Campfield와 Hills(2000)의 무작위 실험에서는 초기에 적용된 개입이 늦게 적용된 개입보다 더 효과적인 것으로 나타났다.

Solomon과 Benbenishty(1986)는 위기 대응의 세 가지 원리를 실증적으로 분석했다. 즉시성, 근접성, 기대성 이 세 가지는 긍정적인 영향을 미치는 것으로 알려졌다. 20년간의 종단 연구에서 초기개입의 중요성에 대한 추가적인 타당성을 제공했고, 세 요소가 장기적인 보호효과를 보였다.

마지막으로 Post(1992)는 초기개입이 유전적으로 신경자극에 낮은 임계치에서도 외상 반응이 심해지는 것을 예방할 수 있다고 주장했다. 따라서 초기개입은 외상의 '기억'세포가 신경조직의 흥분으로 확장하는 것을 예방할 수 있다.

2) 심리사회적 지지

두 번째는 심리사회적 지지의 제공이다. 모든 인간은 타인으로부터 여러 가지 형태의 지지를 필요로 한다. 이러한 지지는 존경, 우정, 존중, 신뢰, 문제해결 지원, 누군가 이야기를 잘 들어주는 것 등 다양한 형태로 나타난다. 위기는 이런 욕구를 강조한다.

미국의 유명한 심리학자 칼 로저스(1951)는 자신의 저서에서 모든 인간은 선천적으로 긍정적 관점의 욕구를 가진다고 기술하고 있다. 타인에 의존적인 관점의 타고난 욕구를 가졌다고 기술하고 있다. 즉, 타인으로부터 인정받고자 하는 욕구가 있는 것이다.

Bowlby(1969)는 사람들, 특히 부모와 자녀 간에 유대감이나 애착에 대한 생물학적 욕구가 존재한다고 주장했다. 이와 유사하게 Maslow(1970)는 인간의 욕구 중 하나는 타인과의 사회적 소속의 욕구라고 기록하고 있다. 이 이론에 따르면 많은 위기는 사회적지지/소속의 상실에서 발생한다. Frank(1974)는 심리치료 분석을 통해 모든 심리치료적 향상은 소외되었다는 생각을 부정해서 사기가 저하되는 것을 줄이는 것에 기반하고 있다고 보았다. 위기에 처한 사람은 외롭고, 자신만 괴롭고, 버려졌다고 느낀다.

위기개입은 어떤 형태이든지 존재 자체로 사회적 지원과정이 시작된 것이다. 사회적 지지가 효과적인 위기개입을 위한 주요한 요소가 된다는 실증적인 연구들이 다수 있다.

Buckley 등(1996)은 자동차 사고의 여파에서 사회적 지원과 외상 후 스트레스의 발병 사이의 부적 관계를 밝혔다. Bunn과 Clarke(1979)는 위기개입 기법의 선행연구에서 20분의 지지적인 위기상담 서비스 제공이 불안수준을 감소시킨 것을 확인했다. Dalgleish 등(1996)은 사회적 지지가 외상 후 스트레스 관련 증상과 부적 상관관계가 있다는 것을 확인했다. 마지막으로 Flannery(1990)는 심리적 외상에 대한 사회적 지지의 역할을 광범위하게 리뷰한 결과, 외상의 부정적 영향을 감소시키는 사회적 지지의 전반적인 흐름을 밝혔다.

3) 표현의 기회

위기개입의 작용기제 세 번째 핵심요소는 표현의 기회를 제공하는 것이다. 초기 심리외상 의학자인 Bettleheim(1984)은 '이야기 할 수 없는 것은 휴식할 수 없는 것이다.'라고 이야기했다. 더 일찍이 van der Hart(1989)와 Pierre Janet(1989)에 따르면, 1800년대 후반에 외상에서 성공적으로 회복하기 위해서는 외상사건에 대해서 표현하고 언어적으로 재구성하는 것이 필요하다고 선언하고 있다.

외상에서의 회복은 정서뿐만 아니라 인지의 언어적 표현에 달려있다는 것이 위기대응 문헌을 통해 보편화되어 있다. Spiegel과 Classen(1995)은 위기정신의학 리뷰에서 위기를 인지적으로 처리하는 것의 중요성을 지적하고 있다. Pennebaker(1985, 1990, 1999)와 그의 동료들(1986)은 우수한 실증 연구를 통해 표현하는 것이 매우 중한 가치를 가진다는 것을 입증하였다. 이 연구에서는 심리학적 결과뿐만 아니라 심리사회적 측정과 행동적 측정을 통해 표현의 중요성을 보여주고 있다. Koenig 등(2007)은 무선통제실험을 통해 높은 스트레스/외상사건의 인지적(주로 사실) 표현보다 정서적 표현을 허용하는 것이 효과적이라고 평가했다. 본 연구에서 저자는 다음과 같이 결론 내리고 있다. '높은 스트레스 사건에 대해서 단순히 사실에 국한하지 않고 정서와 사실에 대해 이야기하는 것이 생리적인 각성을 줄인다는 것을 입증했다.'

정화적인 표현이 병리적인 부적응 과정이 될 수도 있다는 우려에 직면해 왔다. 위 연구에서는 스트레스 사건의 사실적 특성과 감정을 표현하는 것의 가치를 분명히 보여주었지만, 그럼에도 불구하고 부적절하게 부정적인 효과가 증가할 수도 있다. 이러한 위험을 줄이기 위해서는 적절한 평가와 분류가 필수적이다. 또한 심리적으로 취약하거나 불안정한 사람들(매우 각성되고, 병적으로 우울하고, 심한 죄책감에 시달리는 사람, 유가족, 해리증상, 정신질환 위험이 있거나 신체적 부상이나 통증을 겪는 사람)은 집단 개입보다는 개인적인 접근이 이루어져야 하고 개인의 상황에 맞는 적절한 개입이 활용되어야 한다. 개인이든 집단이든 깊이 파헤치거나, 심리치료적인 해석, 역설적 의도는 반드시 피해야만 한다.

4) 인지적인 개입

위기개입의 작용기제 네 번째 핵심요소는 인지적인 개입이다. 인지적 개입은 재구조화, 설명을 덧붙인 교육, 예상되는 안내, 대처하기 네 가지를 포함한다. 조금 더 구체적으로 설명하면, 인지적 재구조화는 위기에 처한 개인이 더 건설적인 방식으로 사건과 자신의 반응을 이해하도록 돕는 것이다. 설명을 덧붙인 교육은 사건과 반응의 특성을 설명하는 데 도움이 되는 정보를 제공하는 것이다. 예상되는 안내는 반응, 개입, 회복에 대한 적절한 기대를 설정하는 정보를 제공하는 것이다. 대처하기는 대처과정을 용이하게 하기 위해서 스트레스 관리 기법을 교육할 수 있다는 것이다.

일반적으로 위기시에 사람들은 통제감 상실을 경험한다. 회복(심리적 항상성 및 적응적인 기능의 복원)은 주로 통제감의 재건에 달려있다. 통제의 인식은 적절한 기대를 설정하고, 이해의 정도를 높이고(Taylor, 1983) 효과적인 대처행동을 가르치는 것을 통해서 향상된다(Everly. 1989; Bandura. 1997).

Taylor(1983)와 Bandura(1997)는 위기, 스트레스, 심리적 갈등의 완화제로써 숙련도와 인식된 통제감을 주장하였다. Everly(1989)는 이 문헌을 바탕으로, 정보나 교육으로 인한 이해는 강력한 스트레스 감소전략이라고 결론지었다. 또한 Spiegel과 Classen(1995)은 위기의 인지적 과정 또한 해결을 향한 중요한 단계라고 지적하였다.

위기개입시에 인지적 개입이 효과를 갖기 위해서는 다음의 요소들이 필수적으로 따라야 한다.

- 위험에 노출되는 특성에 따라 고위험에 있는 사람들에게 경고하고, 위기 상황이 발생한다면 어떻게 대처할 것인지 알리고(Hytten & Hasle, 1989; Weisaeth, 1989; Jonsson, 1995), 위기 진 예방 시스템을 준비해야 한다(Mitchell&Everly, 1996).
- 정보와 인지적 과정은 빠른 적응과 통제감을 갖게 한다(Taylor, 1983; Pennebaker, 1999). 그렇기 때문에 위기와 반응의 특성을 더 잘 이해하는 데 필요한 정보를 제공해야 한다.
- 위기에 노출되는 것을 줄이고 급성의 위기반응을 완화하며 항상성을 쉽게 회복하고 효능감을 증가시키는 실제적인 기술을 교육해야 한다(Bandura, 1997; Everly, 1989).

위와 같은 인지적 개입의 필수요소는 서두에 언급한 위기개입의 큰 맥락에서 예방(prevention)에 해당하는 내용들이다. 이런 요소는 위기개입(intervention)시에도 효과적인 기제로 작용하지만, 대처에 대한 정보를 미리 전달하고, 반응의 특성을 알도록 하는 것은 통제감을 갖고 문제에 대응할 수 있는 위기에 대한 개인의 저항력을 키우는 기능을 하기도 한다. 위기시에 경험할 수 있는 다양한 증상에 대한 교육과 회복에 대한 적절한 정보는 개인의 통제력과 회복력, 저항력을 강화하기 위해서 제공되어야 한다.

5) 더 구체적인 개입의 매커니즘

Mitchell과 Everly(2008)는 앞서 언급한 위기개입 작용기제를 바탕으로 권고사항, 문헌리뷰, 실증연구 등을 통해 밝혀진 더 구체적인 개입을 아래와 같이 정리하였다.

1. 기본적 욕구 충족 (NIMH, 2002)
2. 소통 / 옹호 (NIMH, 2002)
3. 카타르시스적 정서표현 (Pennebaker, 1999)
4. 사회적 지지, 집단 응집력 (Flannery, 1990; APA, 2004)
5. 교육 / 정보 (NIMH, 2002)
6. 스트레스 관리 (Everly & Lating, 2002)
7. 문제 해결 (Everly & Lating, 2002)
8. 갈등 해결 (Everly & Lating, 2002)
9. 인지적 재구조화 (Taylor, 1983; Affleck & Tennen, 1996)
10. 안심시키기 (Everly, 2015)
11. 영적 개입 (Everly & Lating, 2002-rev)
12. 자기파괴적 행동 지연하기 (Everly, 2015)
13. 정상화 (Everly, 2015)
14. 희망감 제공하기 (Everly, 2015)

위기개입 모델

---

1. Roberts의 7단계 위기개입 모델

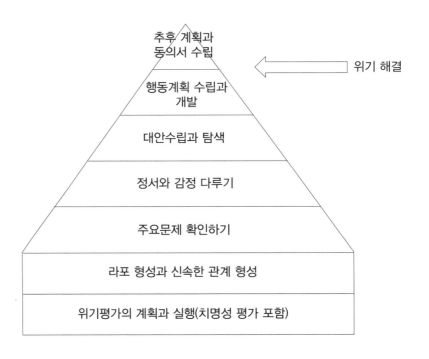

Roberts의 7단계 모델(2005)은 Caplan(1964), Golan(1978), Parad(1965), Roberts(1991, 1998), Roberts & Dziegielewski(1995)에 의해 개발된 것들을 기반으로 통합한 것이다. 이 위기개입 모델은 최소한의 접촉을 통해 위기에

처한 개인이 당면한 문제와 정서적인 갈등을 해결하는 데 초점을 두고 있다. 이 모델은 위기개입을 위한 모델로 앞서 언급한 것처럼 장기간 이루어지는 심리치료와 달리 시간제한적이며, 목표지향적이라는 특징을 공유한다.

위기개입자는 직접적이고 적극적인 입장을 취해야 한다. 숙련된 위기개입자는 극심한 정서적 혼란과 희망이 없는 상황에 위협받는 위기에 처한 사람들과 소통하기 위해서 수용적이어야 하고, 희망감을 보여주어야 한다.

또한, 효과적인 위기개입을 위해서 개입의 각 단계의 구분을 정확하게 아는 것은 중요하다. 다음의 7단계는 위기에 처한 사람들에게 중첩되어 나타나기 때문에 엄격한 과정이나 절차이기보다는 가이드로 제시되어야 한다. Robert's (1991)의 7단계 위기개입 모델은 급성의 심리적 위기, 상황적 위기, 급성 스트레스 장애 등 도움을 필요로 하는 사람들에게 활용되어 왔다.

1) 심리사회적, 치명성 평가를 통한 계획과 실행

대부분의 경우 1단계와 2단계는 동시에 일어난다. 그러나 무엇보다 위기에 처한 사람이 긴박한 위험에 처해있는지 여부를 확인하기 위해 기초 정보가 필요하다. 위기개입자는 위기에 처한 개인과 지속적이고 신속한 위험성 평가를 수행하기 위해서 훈련되어 있다. 위기상담자, 심리학자, 사회복지사 등은 치명적인 약물 복용의 위험이 있는 사람, 타인에게 위해를 가할 위험이 있는 충동적인 사람, 자살 위험에 있는 사람 등 위기시에 자기 파괴적인 사람들을 마주하게 된다. 많은 위기상황은 위험에 대한 잠재성을 가지고 있다. 그래서 위기개입자가 위기이전과 위기대응 동안 또는 응급처치 이후에 안전을 위해서 공권력이나 응급의료기관과 친밀한 연결을 가지는 것은 중요하다. 또한 여러 위기의 결과로 나타날 수 있는 잠재적인 위험 때문에 7단계 개입 모델은 위기개입의 지침으로 사용되어야 한다.

즉시적인 위험에 대한 평가와 치명성에 대한 평가는 다음과 같은 요소들을 확인한다.
- 의료적인 도움을 필요로 하는가?

- 자살의도가 있는가?
- 가정폭력, 성폭행 또는 다른 폭력범죄의 피해자인지를 결정, 만약 피해 자라면 가해자가 근처에 있거나 곧 돌아올 수도 있는가?
- 다른 아이들이 위험한가?
- 피해자가 병원으로 응급이송 되거나 보호소가 필요한가?
- 알코올이나 약물의 영향인가?
- 자해를 하려고 하는가?
- 주거지에 폭력적인 사람이 있는가?

시간이 허락된다면 위험성 평가에는 다음의 내용을 포함해야 한다.
- 가정폭력 상황에서, 자신이나 자녀들을 보호하기 위한 이전에 했던 노력. 이것을 통해 스스로를 보호하기 위한 능력 여부를 확인하라.
- 가정폭력의 경우 가해자의 위협을 평가하기 위해서 가해자의 범죄이력, 신체적 학대 이력, 약물남용 이력, 재산의 파괴, 충동적인 행동, 정신장애 병력, 정신과적 진단, 이전의 자살 위협 등을 확인하라.
- 폭력적인 범죄의 피해자라면, 이전의 신체적 학대나 약물 과다복용 또는 자살시도 등으로 응급실에 간 적이 있는가?
- 집에 총기류가 있는가?
- 누군가 자신에게 무기를 사용했는가?
- 죽음이나 테러에 대한 위협을 받았는가?
- 우울증, 극심한 불안, 공포반응, 급성 스트레스 장애, PTSD, 수면장애 등을 겪고 있는가?

2) 심리적 접촉과 신속한 관계 형성

두 번째 단계는 위기개입자와 내담자 간의 최초의 접촉이다. 이 단계에서 위기개입자에게 중요한 과제는 진실된 반응과 내담자에 대한 수용을 전달하여 라포를 형성하는 것이다. 내담자는 자신이 도움을 받을 수 있고, 도움을 받기에 적당한 장소라고 안심시키는 것이 필요하다. 예를 들어 이전에 유

사한 사례를 다루어 보았고 성공적으로 개입을 했다면, 위기개입자는 자신
에 대해서 설명하는 것이 도움이 된다.

3) 위기를 정의하기 위해서 문제 상황의 범위를 검토

위기를 정의하기 위해서는 다음 사항들을 확인하는 것이 유용하다.
• 도움을 요청하도록 만든 촉발사건이나 결정적인 계기
• 이전의 대처 방법
• 위험성이나 치명성

위기개입자는 명확한 개방형 질문을 통해 이를 탐색해야 한다. '그때',
'왜' 보다는 '지금', '어떻게'에 초점이 맞춰져야 한다. 예를 들면, '어떤 일 때
문에 도움을 요청하시는 건가요?', '언제 이 일이 일어났나요?' 와 같은 질문
을 사용할 수 있다.

4) 느낌과 감정을 탐색하기

이 단계는 문제의 범위, 즉 갑작스러운 사건을 검토하고 정의하는 과정
이다. 어떤 위기개입자들은 신속하게 평가하고 위기사건을 알아내는 것에
급급해 느낌과 감정을 탐색하는 이 과정을 간과하기 때문에 이 단계를 구분
해서 두고 있다. 수용적이며, 지지적이고, 비공개적이며, 개인적인 판단이 없
는 환경에서 느낌과 감정을 표현하는 것은 매우 치료적이다.

위기에 처한 사람의 느낌과 감정을 확인하기 위한 첫 번째 방법은 적극
적인 경청을 하는 것이다. 이는 무슨 일이 일어났는지 뿐만 아니라, 어떻게
느끼고 있는지에 대한 반응을 모두 공감하고 지지하며 듣는 것이다.

5) 과거 대처방식을 탐색하고 평가하기

대부분의 사람들은 위기사건에 대응하기 위한 몇 가지의 대처방식을 가
지고 있다. 어떤 것은 적응적이고, 어떤 것은 적응적이지 않기도 하다. 기본
적으로 정서적으로 위험한 사건은 평소 항상성이 깨어지거나 직접적인 문제

해결 방식이 작동하지 않을 때 정서적인 위기가 된다. 즉, 대처가 실패하는 것이다. 위기개입의 주요한 초점 중 하나는 전의식과 의식적 수준에서의 위기에 처한 개인의 대처 행동을 확인하고 수정하는 것이다. 전의식 수준에서 작동하는 대처 반응을 의식수준으로 가지고 오고, 적응적이지 않은 대처행동을 수정하도록 교육한다. 특히, 의식적 수준에서의 대처행동을 수정하는 것은 위기에 처한 사람이 분노나 좌절 등과 같은 상황을 어떻게 나루어야 할지에 대한 질문에 유용하다.

이 단계에서 해결중심 치료(solution-based therapy)와 같은 방법이 적용되기도 한다. 이 방법은 위기에 처한 개인의 강점을 강조한다. 탄력성이 있는 개인은 일반적으로 자부심이 충분히 높고, 사회적 지원 네트워크를 가지며, 다시 회복하는 데 필요한 문제 해결능력을 가지고 있고, 스트레스를 유발하는 사건이나 외상사건의 여파를 통해서 성장한다.

이러한 해결중심의 접근법의 구성요소로 다음과 같은 몇 가지 예를 들 수 있다.

- 당신의 기분이 괜찮은 상태라면, 부모님의 사망이나 이혼에 대해 어떻게 대처했겠는가?
- 당신의 부모님이 당신이 구체적인 목표를 가지고 있다는 것을 보고, 당신이 가진 가치와 포부를 자랑스러워 할 수 있도록 편지를 써보세요.
- 돌아가신 부모님이 당신을 보고 자랑스럽게 생각할 수 있도록 무엇을 할 수 있나요?

이런 시도는 위기에 처한 사람이 이전에 해보지 않은 대처방법을 탐색하고 대안을 만들어 내는 데 도움을 준다는 점에서 중요하다. 또한 이 단계에서는 각각의 대안에 대해서 위기에 처한 사람이 가지는 태도와 결과를 탐색하는 것이 중요하다. 대부분의 사람들은 위기상황에 대처하기 위해 무엇을 해야 하는지 몇 가지 생각을 끄집어 낼 수 있지만, 보다 적용 가능한 대처방법을 정의하고 개념화하기 위해서는 위기개입자의 도움이 필요하다.

6) 행동계획의 실행을 통한 인지기능의 회복

위기해결에 대한 인지적 접근의 기본전제는 외부 사건들을 위기로 전환시키는 개인의 인지적 요소에 기초한다는 것이다. 위기개입자는 앞으로 유사한 사건이 생겼을 때 무엇 때문에 그 일이 이들에게 위기를 초래한 것인지에 집중해야 한다.

인지기능의 숙련은 다음의 3단계 과정은 다음과 같다. 첫 번째는 내담자가 무슨 일이 일어났고 무엇이 위기로 이끄는가에 대한 현실적 이해를 얻는 것이다. 이를 위해서 위기에 처한 사람은 자신에게 무슨 일이 일어났는가, 왜 일어났는가, 누가 포함되었는가, 최종적인 결과는 무엇인가 등을 이해해야 한다. 두 번째는 위기에 처한 사람이 사건의 특별한 의미를 이해하도록 하는 것이다. 위기개입자는 어떤 인지적 왜곡이나 비논리적 확신이 있는지 주의 깊게 듣고 기록해야 한다. 또한 위기에 처한 사람이 가지는 왜곡과 비합리적 신념을 발견하도록 도와야 한다. 세 번째는 비합리적 신념과 잘못된 인지를 합리적인 신념과 새로운 인지로 재구조화, 재건, 대체하는 것이다.

7) 사후관리

마지막으로 위기에 처한 사람이 다른 문제로 찾아올 경우, 언제든지 도움을 받을 수 있을 것이라는 것을 알려주어야 한다. 가끔 위기에 처한 사람들은 위기가 해결되기 전에 두 번째, 세 번째, 네 번째 약속을 취소한다. 또한 위기개입자는 폭력범죄 피해자들이 피해 후 1달째, 또는 1년째 되는 날에 다시 위기에 처할 수 있음을 반드시 기억하고 있어야 한다.

2. Gilliland의 6단계 모델

Gilliland와 James(1989)가 개발한 위기개입 모델은 6단계로 이루어져 있다. 크게는 평가, 경청, 활동의 세 가지 과정으로 구성되어 있다. 이 세 단계는 순서를 바꾸거나 유연하게 이어지는 과정으로 통합할 수 있다. 그리고 평가는 개입의 전체 과정에서 포괄적이며 지속적으로 이루어지게 된다. 전반부의 세 단계는 문제 정의하기, 안전확보하기, 지지하기이며 위기개입자에게는 경청이 강조된다. 후반부의 세 단계는 대안 탐색하기, 계획세우기, 참여유도하기이며 위기개입자에게는 활동에 대한 것이 강조된다. 즉 위기개입자의 행동적 활동이 많아지는 과정이다. 각각의 단계에서 주요하게 실시해야 하는 내용은 다음과 같다.

1) 문제 정의하기

위기개입자가 위기에 처한 사람에게 일어나고 있는 일에 대해 가능한 분명하게 이해하는 것은 중요하다. 또한 그 일에 대해서 어떤 의미를 부여하는지 이해하는 것도 중요하다. 이 단계에서는 경청의 기술을 활용하여 위기에 처한 사람의 관점에서 상황을 보는 것이다. 구체적인 활동으로는 돌보는 태도를 잘 전달하고, 접촉하고, 위기의 의미를 탐색하는 것을 하도록 한다.

① 돌보는 태도를 전달하라.

위기개입자는 진실함, 수용, 무조건적 수용과 관심과 같은 기술을 사용하여 위기에 처한 사람의 문제에 관심을 갖고 있으며, 돕고자 한다는 것을 명확하게 전달해야 한다.

② 접촉하라.

위기에 처한 개인과 접촉하는 것은 개인상담에서 라포를 형성하는 것과 다르다. 위기개입자는 돕는자로서의 역할을 취해야 하고, 위기에 처한 사람과 대담하게 의사소통 해야 한다. 접촉하는 데 가장 중요한 변수는 위기에 처한 사람의 냉담한 반응이다. 반응이 냉담할수록 위기개입자는 돌보는 태도를 전달하며 접촉해 나가야 한다.

③ 위기의 의미를 탐색하라.

위기개입에서는 위기에 처한 사람의 관점에서 위기를 정의하는 것이 중요하다.

2) 안전 확보하기

위기개입자는 위기에 처한 사람의 안전을 지속적으로 유지하는 것은 필수적이다. 여기에서 뜻하는 안전은 자신과 타인에 대한 신체적, 심리적 위험을 최소화하는 것이다. 과정상 두 번째 단계에 속해 있지만, 안전은 위기개입의 전 과정에서 우선적으로 고려되어야 하는 사항이다. 그래서 전 과정에서 안전에 대한 욕구가 평가되어야 한다.

① 직접적으로 하라.

안전의 욕구를 확인하기 위해서 직접적으로 질문해야 한다. 그리고 폐쇄적인 질문을 사용하여 직접적으로 물어보는 것이 효과적이다.

② 치명성의 정도를 판단하라.

척도를 사용한다고 하더라도 판단을 위한 정확한 양식은 아니다. 방법, 동기, 수단 등을 명확하게 확인해야 한다.

③ 중요한 사람의 안전을 확보하기 위한 즉각적인 행동을 취하라.

위기개입자는 특별한 개입을 위한 장치들이 필요하다. 위기가 고조되었을 때 곧바로 연결할 수 있는 병원, 경찰, 응급요원과 같은 정보를 가지고 있어야 한다.

④ 위기에 처한 사람의 안전한 행동을 강화하라.

치명적인 행동에서 멀어지고, 안전한 행동을 할 수 있도록 하는 것이 강조되어야 한다. 위기에 처한 사람이 완벽하게 적응적이지 않더라도 즉시 강조되어야 하는 것이 안전한 행동의 강화이다.

⑤ 당신의 책임에 대해서 말하라.

위기에 대한 잠재적인 치명성이 발견되면 위기개입자가 예방적이고 즉각적인 방법으로 반응하고 개입할 것임을 위기에 처한 사람에게 분명하게 이야기해야 한다.

3) 지지하기

세 번째 단계에서 위기개입자는 위기에 처한사람을 돌보게 될 것이라고 알리게 된다. 위기개입자는 위기에 처한 사람이 자기 스스로를 가치있게 여기고, 인정받으며, 돌봄을 받는다고 느낄 것이라고 전제해서는 안된다. 이 단계에서 지지를 제공하는 위기개입자는 위기에 처한 사람을 무조건적이고 긍정적으로 수용할 수 있어야 한다.

① 위기에 처한 사람이 중요한 사람이라는 것을 분명하게 말하라.

위기에 처한 사람들은 보통 과거에 다른 사람으로부터 자신이 가치없는 사람이라는 메시지를 많이 받아왔다. 위기에 처한 사람이 현재 상황에 이르기까지 자아존중감과 자아개념이 아주 낮을 것이라고 보는 것이 적절하다.

② 위기에 처한 사람의 가장 최소한의 변화조차 긍정적으로 강화하라.

치명적이지 않은 행동을 강화하고, 적응적이고 규범에 맞는 행동도 동시에 강화해야 한다. 심호흡처럼 위기에 처한 사람이 정서가 고조될 때 간단하게 사용할 수 있는 방법을 연습하고 스스로 할 수 있도록 하는 것도 좋은 방법이다.

③ 외부의 사회적 지지를 찾아서 지속적인 도움을 제공하는 것이 중요하다.

사회적인 지지가 전혀 없다고 믿는 사람이 있다면 매우 도움이 되는 개입일 수 있다. 위기개입자는 위기에 처한 사람이 새로운 지지자를 발견하도록 돕거나 이전의 지지체계와 다시 연결될 수 있도록 도와야 한다.

4) 대안 탐색하기

위기에 처한 사람들은 종종 자신에게 선택의 여지가 없다고 믿는데, 이런 상태는 스스로 삶을 통제할 수 없을 것이라는 믿음으로 이어진다. 여러 가지 대안을 탐색하고 이전에 도움을 받았던 자원이나 행동을 찾도록 돕는 것이 필요하다. 위기에 처한 사람이 현재의 심리적 어려움에서 빠져나오기 위해서는 사회적으로 다른 사람과 다시 연결되거나 만족스럽고 성장을 증진시키는 활동을 다시 하도록 하는 것이 필요하다.

① 상황에 맞는 지지기제를 활용하라.

상황에 맞는 지지기제는 위기에 처한 사람에게 심리적인 안식과 항상성을 유지하도록 도움을 주는 장소나 사람, 장소, 물건 등을 뜻한다.

② 이전에 성공적이었던 대처기제를 활용하라.

위기에 처한 사람은 이전에 성공적이었던 대처기제를 잊어버리거나 접어둔 채 선택사항에서 제외한다. 현재 상황에서 이전의 기제를 사용하거나 얻기 어렵다고 생각할 수 있지만, 위기개입자는 이런 대처 행동을 사용하도록 도와주고, 유용한 지원이 되게 할 수 있다. 간단하게는 악기연주, 조깅 낚시 등 개인적 스트레스 감소부터 봉사활동 같은 대인적 사회활동까지 활용될 수 있다.

③ 환경자원을 활용하라.

환경자원은 지역사회나 공동체를 통한 지지를 이끌어 내는 과정을 이야기한다. 위기에 처한 사람 개인적 차원에서는 자신에게 소중하거나 의미있는 사람들과의 연결을 탐색하고 이끌어 내는 것이 중요하다. 위기개입자는 공공에서 제공하는 사회복지서비스, 사회보험, EAP프로그램, 긴급 구호 등 위기에 처한 사람의 도움에 적절한 사회적 자원을 찾고, 연결해야 한다. 위기개입자는 환경자원과 의뢰 자원에 대해 폭넓은 지식을 가져야 하고 빨리 접근할 수 있어야 한다.

④ 긍정적이고 건설적인 사고 패턴을 생성하라.

긍정적이고 건설적인 사고패턴은 위기에 처한 사람의 사고과정 대부분을 차지하는 부정적인 비합리적 사고로부터 벗어나게 하는 데 중요하다. 부정적인 자기 진술과 비난하는 말을 긍정적인 권고로 비꾸는 것은 위기 이외에 다른 방법이 있다고 생각하도록 만든다.

5) 계획 수립하기

다섯 번째 단계는 네 번째 단계와 직접적으로 연결된다. 계획은 앞선 단계에서 작업한 지지를 받을 수 있는 사람/집단 또는 의뢰 자원을 분명히 하고, 지금 당장 할 수 있을 정도로 구체적이고 긍정적인 대처기제를 제시해야 한다. 계획은 위기에 처한 사람의 체계적인 문제해결에 초점을 두어야 하고 대처능력에 비추어 봤을 때 현실적이어야 한다. 위기개입의 주요한 목표는 위기 이전의 평형상태로 되돌아가는 것이다. 또한 위기개입은 시간적인 측면에서 압축적인 개입이 이루어진다. 전통적인 치료와 달리 위기개입자는 위기개입동안 전통적인 심리치료와 유사하게 상당히 협력적인 역할을 하지만, 매우 지시적인 역할도 함께 한다. 위기개입에서는 위기에 처한 사람이 도움을 받지 않고 계획을 세울 신체적, 정신적 자원을 가지고 있지 않기 때문에 필요한 지지자가 누구인지, 필요한 서비스가 무엇인지 그리고 대처기제를 어떻게 추가할 것이지 같은 계획에 위기개입자가 주로 많이 관여하게 된다.

① 단기적인 목표를 강조하라.

위기를 경험하는 사람들 중 일부는 장기적인 결과와 연결되는 의사결정을 하기 원한다. 위기개입에서의 목표는 즉각적인 위기를 해결하는 데 초점을 두도록 해야 하고, 삶을 변화시키는 장기적인 결정을 연기할 수 있도록 권장해야 한다.

② 구체적인 계획을 세우라.

계획이 구체적일수록 개입은 더욱 효과적이다. 위기개입자는 계획을 수립할 때 '무엇을', '언제', '어떻게'라는 이슈를 고려하도록 해야 한다. '무엇'은 위기를 해결하기 위해서 위기에 처한 사람이 해야 하는 행동과 관련되고, '언제'는 이런 행동을 취할 시간이며, '어떻게'는 계획을 달성하는 방법이다.

6) 참여 유도하기

위기개입에서 참여를 유도하는 것은 위축된 상태에 있는 위기에 처한 사람을 행동하게 하는 방법으로 매우 중요하다. 계획수립까지 적절하게 이루어진다면 참여단계는 짧고 간결하게 달성될 수 있다.

① 계획을 재검토하라.

개입이 끝날 때까지 계획을 전체적으로 재검토해야 한다. 이 과정에서의 핵심은 위기에 처한 사람이 자신의 말로 재진술해야 한다는 것이다. 이런 과정을 통해서 위기개입자는 계획에 대한 해석을 수정하고, 누락된 계획의 일부를 추가할 수 있게 한다.

② 책임감을 확고히 하라.

위기에 처한 사람으로부터 언어적인 동의나 문서 등으로 약속을 받아낼 수 있지만, 중요한 것은 해당되는 부분을 명확하게 설정하고, 스스로 지켜낼 수 있도록 하는 것이다.

3. Critical Incident Stress Management: CISM

영국심리학회(1990)는 위기개입 기법들이 상호적으로 결합되어야 한다고 언급하고 있다. Mitchell과 Everly(1999)는 재난정신건강서비스와 위기개입에 대한 통합적이고 종합적인 다요인 접근으로 CISM을 발표했다. CISM은 외상사건에 대한 반응을 완화하기 위한 위기개입 기법들이 서로 연결되고 혼합되어 있는 전문화된 패키지이다. 그래서 다른 위기개입 모델과 달리 개인과 집단에 대한 개입 모두를 포함하고 있다. 뿐만 아니라 집단의 특성에 따라 동질집단 또는 이질집단에 필요한 각기 다른 개입기법을 사용한다. CISM의 머릿글자는 이 개입전략의 또 다른 중요한 특성을 설명하고 있다. 종합적이고(comprehensive), 통합적이고(integrated), 체계적이며(systemic), 다요인(multi-component)의 위기개입 프로그램을 뜻한다. 종합적이라는 단어는 외상사건의 전-중-후에 사용되기 위한 위기개입 프로그램의 요소들이 있다는 것이다. 통합적이라는 단어는 각각의 개입이 별개로 사용되지 않는다는 것이다. 즉, 위기에 처한 사람에게 가장 필요한 서비스를 제공하기 위해서 서로 연결되고, 혼합된다는 것이다. 체계적이라는 것은 논리적이고, 위기를 관리하기 위한 합리적인 단계가 있다는 것이다. 어떤 개입을 하기 위해서는 선행되어야 하는 개입이 필요한 경우도 있다. 다요인이라는 것은 다른 개입을 배제하고 단독으로 사용되어서는 안 된다는 것이다. 따라서 단 하나뿐인 개입기술은 위기개입의 목적을 달성하기 어렵다. 각각의 위기사건에는 각 개인과 집단이 고유하게 필요로 하는 것이 다르기 때문에 여러 가지 개입의 결합과 순서가 필요할 수 밖에 없다.

　　CISM 개입모델은 다양한 재난이나 병원, 산업체, 기업, 군대 등 정서적인 위기의 위험을 가지는 다양한 장면에서 모든 개인과 집단을 대상으로 적용가능하다. CISM은 하나의 개입이 아니라 여러 가지 개입의 패키지로 이해해야 하고, 연속적인 돌봄 체계로 이해해야 한다. 각기 다른 상황과 어려움을 호소하는 위기에 처한 사람들에게는 각기 다른 개입이 필요하다. CISM 개입의 궁극적인 목적은 급성의 심리적 고통을 경감하고, 적응적인 기능을 빨리 회복하고, 필요하다면 더 높은 수준의 도움을 받을 수 있도록 촉진하는 것이다. 이것은 Caplan(1960)이 초기에 언급한 위기개입의 목적과도 맥락을 같이하고 있다.

　　CISM을 구성하고 있는 개입전략은 아래와 같이 6개의 핵심 요소로 구성되어 있다.

　1) 사건 전 전략적으로 계획하기 / 준비하기

　2) 관찰, 평가, 분류

　3) 심리적 응급처치 등의 개인 위기개입

　4) 정보제공 집단 위기개입

　5) 상호작용 집단 위기개입

　6) 개인, 집단, 조직, 지역사회의 탄력성 키우기

　Million(1999)은 위기개입자가 활용할 수 있는 방법과 기술들은 위기에 처한 사람들의 개별적인 이질성에 비례해야 한다고 설명하고 있다. 개입은 현재 어려움에 처한 개인의 욕구에 부합하는 최고의 치료적 개입을 선택할 수 있도록 해야 한다는 것이다. 또한 Watson과 Shalev(2005)는 대규모 외상 사건에서 이루어지는 초기개입은 종합적이고, 다차원적인 재난정신건강 시스템 내에 포함되어 있어야 한다고 주장하였다. CISM에서 적용하는 6가지의 핵심 요소에는 여러 가지 관련된 구성요소들을 포함하고 있다.

1) 사건 전 전략적으로 계획하기 / 준비하기

　일반인을 위한 지역사회 정신건강 계획, 초기 대응인력을 위한 위기개입 계획, 초기대응 인력과 위기개입자, 지역사회를 위한 위기개입 훈련, 연락망 구축, 지역사회 정신건강 네트워크 구축 등이 모두 준비단계에 속하는 내용들이다. 특히 초기 대응인력을 위해서 필요한 것은 심리적으로 어려움을 초래할 수 있는 상황에 대해서 미리 준비시키는 것이다. 실제적인 훈련과 예상되는 상황에 대한 준비는 심리적인 강인함을 증진시키는 가장 효과적인 방법이 될 것이다.

2) 관찰, 평가, 분류

　위기개입자는 위기에 처한 사람을 면밀히 관찰하고 심리적인 분류를 할 수 있어야 한다. 관찰에 근거한 평가와 분류는 제한된 자원으로 효과적인 도움을 제공할 수 있는 기틀이 된다. 또한, 정확한 평가는 효과적인 개입의 가장 기초가 되는 것이다.

3) 심리적 응급처치 등의 개인 위기개입

위기에 처한 사람에 대한 일대일 개입을 위한 구체적인 전략 훈련, 기술 습득과 연습 위기개입의 적용 등이 여기에 포함된다. SAFER-R 모델은 위기개입 프로토콜의 예시이다.

4) 정보제공 집단 위기개입

RITS(Rest-Information-Transition Services)나 위기관리 브리핑과 같은 전략적인 개입은 외상사건을 경험한 대규모 집단을 대상으로 사용할 수 있다. 특히 RITS는 초기 대응 요원에게만 제공되는 기법인 반면 위기관리 브리핑은 마을회의와 같은 개념으로 이해할 수 있다. 이것은 학교나 직장, 지역사회 내에서 필요로 하는 정보를 제공하기 위해서 사용할 수 있으며, 소규모 그룹을 대상으로도 적용할 수 있다.

5) 상호작용 집단 위기개입

Defusing과 Critical Incident Stress Debriefing(CISD)와 같은 개입은 동질적인 특성을 가진 소규모 집단을 대상으로 실시하며, 급성의 고통을 경감하고 추가적인 도움이 필요한 사람을 확인하기 위한 목적으로 실시된다.

6) 개인, 집단, 조직, 지역사회의 탄력성 키우기

지역사회와 조직의 탄력성을 키우기 위한 훈련을 하는 것은 집단의 탄력성을 향상시켜준다. 탄력성에 대한 지역사회와 조직의 문화를 만들어 가는 것이 목표가 되어야 한다. 특히, 심리적인 어려움에 자주 노출되는 직업군을 위해서 심리적인 강인함을 훈련하는 것 또한 탄력성을 강화할 수 있다.

7) 전략적으로 계획하기

CISM은 여러 가지 개입을 제공하도록 구성되어 있기 때문에 계획이 없
거나 생각없이 함부로 적용할 수 없다. 위기행동 계획을 세심하게, 전략적으
로 세우지 않으면 고통의 감소나 회복의 촉진은 있을 수 없다. CISM은 적절
한 위기개입 계획을 세우는 것에 많은 무게를 두고 있다. 전략적인 계획을 세
우고 준비하기 위한 원칙은 다음과 같다.

① 사건의 영향

개입의 계획을 세우는 데, 도움을 필요로 하는 개인이나 집단을 결정하
는 데 도움이 되는 아주 간단한 도구가 있다. 과녁과 유사하게 가장 심각하게
사건에 영향을 노출되거나 영향을 받은 사람/집단을 가운데에서부터 차례대
로 기입하는 것이다. 이 방식은 사건에 영향을 받은 개인뿐만 아니라 집단을
구분하는 데도 도움이 된다. 이와 같은 구분은 사건 즉시 실시할 수 있고 가
장 도움이 필요한 사람들에게 자원이 집중되도록 하기도 하지만, 불필요한
개입에서 참여자들을 보호할 수 있다.

② A 5-Point Formula

도움을 필요로 하는 대상이 확인이 되면, 위기개입자는 각 대상에게 어
떻게 위기개입을 해야 하는지 결정해야 한다. 위기개입에 대한 계획을 세우
는데 꼭 확인하고 고려해야 하는 5가지가 있다.

- 대상(target): 도움(개입)을 가장 필요로 하는 집단(개인)과 도움이 필요
  하지 않은 집단(사람)은 누구인가? (기본적으로는 앞에서 살펴본 '사건의 영
  향'에서 파악됨)
- 타입(type): 그들에게 가장 도움이 되는 개입은 무엇인가?
- 시기(timing): 언제 개입이 소개되어야 하나?
- 주제(theme): 개입에 영향을 미치는 주요한 문제, 이슈, 걱정, 고려사
  항, 상황의 심각성 등은 무엇이 있나? (아동과 관련한 이슈, 테러, 인재, 사

건의 영향 등)

- **자원(team):** 누가 개입을 하는 것이 좋은가? 어떤 훈련을 받은 사람이 좋은가? 어떤 기술이 필요한가? 그 상황에서 가장 도움이 될만한 경험을 가진 사람은 주구인가? 역전이가 발생할 사람은 없는가?

주제는 위기개입 계획을 세우는 모든 난계에서 고려되어야 한다. 주제는 모든 과정뿐 아니라, 다른 4개의 요소에도 영향을 미칠 수 있다. 예를 들어 화재피해를 입은 유치원 아이가 있는데, 본인의 아이가 떠올라서 상실에 더 직접적으로 영향을 받을 수 있다. 이와 같은 개입 계획 공식에서 개인과 집단 모두에 대한 것이 필요하다. 이 다섯 가지 포인트는 전략적으로 계획을 세우는데 간단하지만 매우 효과적인 준비와 계획의 도구이다.

위기개입의 적용

1. 개인 위기개입

1) SAFER-R 모델

본 장에서는 앞서 살펴본 CISM 개입 중에서 개인위기개입에 대해서 살펴보고자 한다. 특히, 심리적 응급처치에 기반을 두고 만들어진 매우 구조화된 SAFER－R 모델을 주로 살펴보게 될 것이다. CISM은 심리적 응급처치의 기본적인 요소를 모두 포함하고 있지만, 그 이상의 확장성을 가지고 있다. SAFER－R 모델과 같은 특정의 전략적 개입을 사용하기 위한 포괄적인 틀이라는 것을 명심해야 한다.

SAFER－R 모델은 공권력을 사용하는 사람들(law enforcement personnel)이 외상사건 이후에 사용할 수 있도록 Everly(1996)가 처음으로 만들었다. 이후 위기에 처한 이들에게 적용하도록 확대되었고, 현재 위기 개입 훈련에 가장 광범위하게 사용되고 있다. SAFER－R 모델은 집단보다는 개인 위기개입을 위해 만들어졌다. 급성 위기사건이나 재난 상황, 혹은 추모식(anniversary reactions)과 같은 위기반응을 유발할 수 있는 장면이나 시기 동안에 현장에서 사용하고자 했기 때문이다.

SAFER－R 개인위기개입의 진행은 다음과 같은 순서로 진행되며, 각 단
계의 머리글자를 따라 개입의 명칭이 만들어졌다.

SAFER-R모델

S(상황 안정화하기)
- 기본 욕구를 충족하고 급성 스트레스를 완화하기

A(위기 인정하기)
- 위기에 처한 사람이 자신의 이야기 할 수 있도록 허용하고, 적극적 경청기술을 적절
  하게 사용하기

F(이해 촉진하기)
- 힘겨운 감정을 쏟아낼 수 있도록 격려하고 위기반응을 정상화하기

E(적응적 대처기술 장려하기)
- 대처 전략을 가르치고, 지침을 제공하며, 개인의 회복탄력성(resilience)을 다시 알려
  주기

R(독립적 기능 회복, 의뢰하기)
- 전문적인 의뢰를 제공하기 위한 자원을 확보하고, 지속적인 관리(혹은 치료, care)가
  가능토록 도모하며, 희망 심어주기

---

① 상황 안정화하기(Stabilize the Situation)

SAFER－R 프로토콜의 첫 단계에서 위기개입자는 상황에 대한 안정화
작업을 진행해야 한다. 개입자는 자기소개를 시작으로 앞으로 제공되는 것
에 대한 내용과 본인의 역할을 설명하고, 진행되는 동안 권고되어야 하는 비
밀보장 등의 제한점들을 설명해야 한다. 멍하거나 반응을 보이지 않는 사람
에 대해 개입할 때 기억해야 하는 것은 의료적인 지원이 가능하도록 해야 하
는 것이다.

위기개입자는 위기에 처한 사람의 직접적인 환경의 영향력을 평가할 수
있어야 한다. 위기개입자는 위기를 유발하고 지속시키는 자극적인 스트레스

요인(사람 혹은 그 무엇)으로부터 위기에 처한 이들을 분리시켜주고, 가능하거나 제공할 수 있는 경우 Maslow의 욕구단계에 기반하여 기본적인 욕구(음식, 식수, 쉼터, 옷 등)를 충족시켜야 한다. 이는 어떤 지원을 제공할 것인지를 물어보거나, 옷, 쉼터 등 각자에게 필요한지를 관찰하여 적절하게 지급하는 것으로 이뤄질 수 있다. 다음은 첫 번째 단계에서 사용할 수 있는 질문의 예시이다.

> - "굉장히 힘들어 보이시네요. 제가 도와드릴까요?"
> - "제가 제공해드릴 수 있는 것 중에 지금 필요한 게 있으신가요?"
> - "지금 필요한 것이 무엇인가요?"
> - "힘든 시간을 보내고 계신 것 같네요. 제가 어떤 지원을 해드리면 좋을까요?"

추가로 위기개입자는 급성 위기를 초래하는 원인으로부터 심리적 거리를 띄울 수 있도록 산책을 하거나, 음료를 제공하거나, 주의를 돌릴 수 있는 다른 개입을 제공해야 한다. 이는 위기개입자가 상황을 안정화하고 위기 상황에서 다음단계의 개입을 준비할 수 있도록 해준다.

② 위기 인정하기(Acknowledge the Crisis)

SAFER-R 개입의 두 번째 단계는 위기 그 자체를 인식하는 것으로 위기개입자는 의사소통 기술을 적절하게 활용하여 촉진할 수 있어야 한다.

이 단계에서는 위기에 처한 사람들의 이야기를 물어볼 수 있어야 한다. 여기에서 할 수 있는 이야기는 크게 두 가지로 구분되는데, 한가지는 사건에 대한 기본적인 기술이고, 또 다른 한 가지는 사건에 대한 개인의 반응이다. 이를 촉진하기 위해서 위기개입자는 침착하고 예의를 갖추고 사건으로 인한 이들의 현재 경험과 위기 반응을 물어보고 탐색해야 한다. 피해자들의 핵심 단어들은 어쩌면 당연하게도 첫 번째 SAFER-R 단계에서의 반응에 따라 드러나기도 한다. 그러나 위기개입자는 "무슨 일이 벌어졌는지 말씀해 주시겠어요?" 혹은 "사건에 대해서 얘기해 주시겠어요?"와 같은 보편적인 질문을 해야 한다.

위기에 처한 사람들에게 상황에 대한 구체적인 질문을 하지 않는 것이 중요한데 특히 이들이 경험한 고통에 대한 묘사를 요청하는 경우, 위기개입으로서 사건에 대한 통찰을 제공하거나 위기 반응에 대한 원인을 찾는 등의 기대되는 희망 보다는 재-외상(re-traumatizing)으로서의 고통이 증가되기 때문이다. 이야기를 다시 되풀이하는 경우 감정을 통제하거나 혹은 고통에 수반되어 고조됨으로 감정의 변화가 나타날 때 개입자는 주제를 바꾸거나 상황을 안정화하기 위한 작업을 진행하는 것으로 주의를 돌릴 수 있어야 한다. 이 경우 대부분의 급성 공황증상은 강박적인 생각으로 나타나기도 한다.

위기에 처한 사람의 이야기를 듣고 난 후 자신의 심리적이고 신체적인 기능의 현재 상태를 물어보아야 한다. 즉, 자극과 반응의 매커니즘에서 현재 반응을 물어보고 탐색하는 것이다. 위기개입자는 다음과 같은 간단한 질문을 전달할 수 있다

- ■ "지금 어떠신가요?"
- ■ "불편한 점이 있나요?"
- ■ "사건으로 인해 생긴 반응이 있나요?"
- ■ "경험하고 있는 것을 얘기해 주시겠어요."

이와 같은 질문은 위기에 처한 사람들이 심적 정화(cathartic ventilation)를 경험하게 하지만, 더 구체적이고 안전한 방법으로서 진행되는 것이다. 여기서 중요한 것은 위기개입자가 위기에 처한 사람의 경험과 반응의 맥락을 이해하고 심각성 정도를 평가할 수 있어야 한다. 이는 위기에 처한 사람들이 SAFER-R 모델의 세 번째 단계인 '이해 촉진하기'를 준비할 수 있게 해준다.

③ 이해 촉진하기(Facilitate Understanding)

SAFER-R 모델의 3번째 단계는 이해 촉진하기이다. 이전 단계에서 위

기에 처한 사람들이 자신의 정서를 표현할 수 있도록 격려했다면, 본 단계는 인지심리적으로 인식하도록 돕고, 가능한 경우 안정을 취할 수 있는 자원을 제공한다. 위기에 처한 사람들이 궁금해 할 수 있는 내용을 전달하고 '정상화'에 대한 의미와 방법 등을 전달하는 것이 이 단계의 개입에서 이루어져야 하는 핵심적인 과정이다.

위기개입자는 위기 중에 있는 사람이 이야기할 때 드러나는 정보를 통해 적극적으로 대응하여 변화를 촉진할 수 있어야 한다. 위기에 처한 사람이 경험하게 되는 위기로 인한 반응이 무엇인지 살펴보게 하거나, 엄청난 스트레스 사건이나 비정상적인 위협상황에서 예측할 수 있는 그들의 반응을 인식하도록 해야 한다. 이를 통해 자신의 취약점이나 약점으로 인해 반응이 나타나고 있다는 잘못된 인식을 수정해주어야 한다. 특정한 반응이 나타나거나 경증 또는 중증의 심각성을 보이는 것에 대해서도 수용할 수 있어야 한다. 반응을 최소화할 수 없는 경우, 다음과 같은 내용을 전달하여 신속하게 주의를 기울일 수 있도록 해야 한다.

> - "지금까지의 경험에 대해서 삼가 위로의 말을 전합니다. 솔직하게 이야기해주셔서 감사합니다. 요청 주셨던 것과 같이 지금 저의 생각으로서 피드백을 드리고자 합니다…."
> - "매우 끔찍한 고통에 대해서 위로의 말씀을 전합니다. 그러나 말씀해주신 상황을 고려해볼 때, 비정상적인 것이 아니라는 것을 아시면 좋겠습니다. 당신의 반응은 사람에게 있어 정상적인 반응이지만, 그것을 받아들이지 못할 만큼 상당한 고통 중에 있었음을 이해합니다."

위기개입자는 피해자에게 나타나는 증상이 정상적인 반응이며 본질적으로 비악성의 반응임을 수용해주는 모습을 보여야 한다. 반응이 매우 비정상적이거나 악성인 경우에는 적절한 설명, 우려 표명하기, 혹은 의료적 지원을 제공받을 수 있도록 도와야 한다.

> ▪ "당신이 말해준 것들 대부분은 예상되는 내용이었지만, 일부 면밀하
> 게 주의를 기울여야 할 것들이 있습니다. 제 생각에는 당신이 어떤
> 행동을 취하는 게 좋을지 그리고 어떤 것이 가장 도움이 될지 서로
> 의견을 나눴으면 합니다."

SAFER－R 모델의 3번째 단계를 완료한다면 그들에게 위기개입의 여러
가지 의미에서 도움이 되었을 수 있다. 기본적으로는 의료 서비스를 포함한
기본적인 필요, 심적 정화(catharsis/ventilation), 정상화, 이해와 탐색 그리고
안심시키는 말과 행동을 제공받았을 것이다. 위기에 대한 이해 촉진 이후에
위기개입자는 적응적으로 대처할 수 있도록 격려해야 한다.

④ 적응적 대처기술 장려하기(Encourage Adaptive Coping)

SAFER－R 모델의 적응적 대처기술 장려하기는 전 과정에서의 개입자의
일반적인 행동을 포함한다. 위기 개입자가 사용하는 기술을 이해하기 위해
서 위기 삼각형(crisis triad)을 통해 위기 상황에서의 행동이나 정서에 대한 경
험을 이해할 수 있어야 한다. 위기 삼각형은 아래에 제시되었고, 미래 방향성
/희망의 상실, 충격, 인지적 수용과 문제 해결의 불능('지나친 단순화'(dumbing
down)) 등으로 요약된다.

위기 삼각형에 대한 우려를 해결하고 적응적 대처 기술을 격려하기 위한
가장 직접적인 개입은 위기 개입 삼각형(crisis intervention triad)을 사용하는 것
이다. 이는 피해자에게 의료적인 안정감을 제공하는 것과 같이 사용된다. 위
기 개입 삼각형은 아래 그램에 제시되었다. 개입은 위기에 처한 사람들이 가
장 직접적으로 영향을 받는 증상의 반대편에 제시되어 있다.

1) 후회하거나 손상을 줄 수 있는 행동 지연시키기
2) 위기개입자는 사건에 대한 심각한 영향이 왜 나타나는지 이전 단계에
   서 설명한 내용 전달하기 (때때로 모든 사람들은 그들의 반응이 '왜' 나타나는
   지 알고 싶어 한다.)

3) 현재의 사건을 이해하고 위기에 처한 사람이 긍정적이거나 미래에 대한 지향을 갖도록 북돋우기

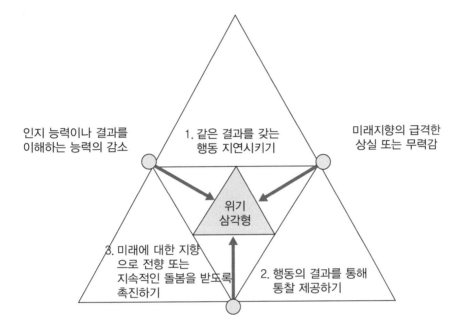

위기 개입에 있어 추가적으로 활용 가능한 메커니즘은 다음과 같다.

4) 위기에 처한 사람의 행동에 대한 결과로서 위기를 줄일 수 있는 통찰 심어주기

5) 위기개입자는 특정 부분의 정서적 표현에 대한 추가적인 표출 (ventilation)을 격려하기

6) 갈등 해소

7) 가능한 경우 덜 부정적인 관점부터 사건에 대한 관점을 인지적으로 재구조화 해주기(사건으로 어떤 이익 혹은 기회가 존재하는가?)

8) 자기효능감을 장려하거나, 위기 상황 시 접근할 수 있는 전문적인 기관을 상기하고 미래에 대한 희망 높여주기

9) 과정을 알 수 있는 안내서를 제공하거나 위기에 처한 사람을 위한 기대 설정하기

10) 이후 실행/활용해볼 수 있는 계획 수립하기('누가, 언제, 어디서, 어떻게' 에 대한 기준들을 상세히 설명하는 것과 함께 '다음 단계'를 구체적이고 명확하 게 나열하기)

11) 필요한 경우 지속적인 돌봄을 받아들이도록 촉진하기 (의료, 종교, 경 제 등)

⑤ 독립적 기능 회복시키기 혹은 의뢰하기(Restoration of Adaptive, Independent Functioning or Referral)

SAFER−R의 이전 4개 단계의 초점은 적응을 회복시키고 심리와 행동적 기능을 분리하도록 돕는 것이다. 대부분의 사례는 개입으로서 이러한 부분 들을 충족시켰다. 그러나 일부에선 높은 수준의 불안정한 조건이 유지되는 것을 볼 수 있다. 이러한 사례에서의 위기개입자는 의뢰하는 것을 개입의 목 표로 삼아야 한다. SAFER−R 모델의 마지막 단계는 위기개입자가 지속적인 위기개입이 가능토록 지원을 제공하고, 연락을 취하며 살펴보는 것이다. 지 속적인 관리의 자원으로는 가족, 친구, 경제자원, EAPs, 종교지도자, 공공자 원, 혹은 주변 자원이 전혀 없는 극히 일부의 사례에서는 응급실이나 사법당 국이 될 수도 있다. 의뢰 이후 위기개입자는 연락상황과 진척사항을 살펴보 기 위해 후속 조치(follow−up)를 진행해야 한다.

> ▪ "당신이 말해준 것 대부분 예상되는 내용이었지만, 일부 면밀하게 살 펴봤으면 하는 것들이 있네요. 제 생각에는 우리가 당신이 취해야 할 행동 혹은 무엇이 도움이 될 수 있을지 의견을 나눴으면 합니다."
> 또는
> ▪ "당신의 경험을 통해 당신을 이해할 수 있도록 해주셔서 다시 한번 감사드립니다. 앞으로 어떻게 해야 할지 걱정이 있으신 것 같아요. 지금까지 들어본 결과, 지속적인 도움을 받아보는 것이 좋겠다고 여 겨집니다."

2) SAFER-R을 적용할 때 해야 할 것과 하지 말아야 할 것

① 안정화(Stabilization)

- 자기소개 그리고 역할/활동 등에 대해서 설명해야 함
- 평정심을 유지해야 함. 염려가 드러날 수 있겠지만 자신감 있게 행동해야 함
- 위기개입 시, 특히 재난 상황에서는 시간적 제약(15~20분)을 두고 행동해야 함
- 가능한 경우 초기 환경에서 자극적인 요소들을 제거하도록 행동해야 함
- 상황에 휩쓸리지 않아야 함. 스트레스를 줄이는 것은 침착함과 자신감이라는 것을 기억해야 함

② 위기 인정하기(Acknowledgement of the crisis)

- 어떻게 지냈는지 물어보기
- 지금 필요한 것이 무엇인지 물어보기
- 들어주기. 어떤 사건을 겪었고 어떤 반응이 나타났는지 이야기할 수 있도록 격려하기
- 그들의 걱정을 최소화하거나 무시하지 않기
- 그들의 이야기를 방해하지 않기. WAIT규칙 사용하기. 말 끊기(verbal Hail Mary)의 유혹을 저지하기 위해 왜 내가 이야기해야 하는지(WHY AM I TALKING) 생각해보기
- 위기에 처한 사람들이 원하지 않는 경우 말하도록 강요하지 않기

③ 이해 촉진하기/정상화(Facilitate understanding/Normalization)

- 상황과 반응에 대한 심각성을 평가하는 것뿐만 아니라 지지적인 개입 형식 제공하기
- 상대방의 이야기에 유감을 표명하고 적극적으로 들었음을 이야기

해주기

- 정상적으로 나타날 수 있는 반응을 정상화해주기
- 참고할 수 있는 안내서를 제공하기(사건으로 유발되는 반응들이 왜 나타나고 반응해야 하는지 등에 대한 적절한 설명이 담긴)
- 필요한 경우 안심할 수 있도록 도와주기
- 흥분하지 않기
- 미온적인 반응 보이지 않기
- 범주를 벗어난 행동과 걱정에 대해 정상화하지 않기
- 모르는 것을 두려워하지 않기

④ 적응적 대처기술 장려하기(Encourage adaptive coping)
- 지금 가장 필요한 것이 무엇인지 물어보기
- 개입자로서 개인의 심각한 고통을 줄여주기 위한 반응으로서 행동하기
- 개인이 참고할 수 있는 자료 제공하기
- 위기에 처한 사람의 인생 혹은 직업을 잠시 늦추도록 격려하고, 추가적으로 선택할 수 있는 행동을 유지하기
- 희망 심어주기
- 단순한 해결책으로 복잡한 문제를 해결하려고 시도하지 않기
- 무엇이 필요한지 임의로 생각하여 행동하지 않기
- 지킬 수 없는 약속 하지 않기

⑤ 독립적 기능 회복시키기 혹은 지속적인 관리를 위해 의뢰하기(Restoration of Independent functioning or referral for continued care)
- 개입 이후 필요하다고 여겨지는 경우 추가적인 관리 제공하기
- 필요한 경우 안내서 제공하기
- 어떻게 지내는지 확인하는 것으로 다음 날 혹은 추후에 후속조치 취하기
- 필요하다고 여겨지면 보다 세부적인 관리에 관심을 가질 수 있도록 설득하기

- 구체적인 의뢰 계획을 계획하기
- 마지막, 좌절, 혹은 절망감 등을 내비치는 의미로서 대화를 끝맺지 않기
- 지속적인 관리를 위해 의뢰가 필요하다고 여겨지도록 필요성을 강조하는 것처럼 3번의 만남 이후 후속조치를 지속하지 않기
- 상담 혹은 심리치료로서 SAFER-R 사용하지 않기
- 자신이나 타인에게 손상을 가할 경향성이 있다거나 일상생활에서의 기본적인 행동을 하지 못하는 경우(특히 다른 사람을 돌보는 것)를 확인하기 위한 지속적인 철저한 평가와 관리를 수행하는 데 있어 주저하지 않기

2. 집단 위기개입

집단 위기개입은 크게 정보제공을 위한 개입과 상호작용을 위한 개입으로 구분된다. 정보제공 집단 위기개입은 위기사건과 스트레스 반응과 대처에 대한 정보를 제공하는 것을 주 목적으로 한다. 이러한 목적을 달성하기 위해서 Rest Information and Transition Services와 CMB 두 가지의 개입전략을 선택할 수 있다. 반면, 상호작용 집단 위기개입은 동질한 특성을 가진 소규모 집단을 대상으로 개입을 실시하며, 이들 간의 상호작용을 촉진한다. 이 개입에서는 집단이 가지는 치료적인 효과를 통해 외상사건으로부터 회복하는 과정을 갖도록 한다. 상호작용 집단 위기개입의 전략으로는 Defusing, Critical Incident Stress Debriefing이 있다.

1) Rest Information and Transition Services(RITS)

집단 위기개입의 역사적 기반은 제2차 세계대전으로 거슬러 올라갈 수 있다. 그때부터 지금까지 수많은 셀 수 없이 많은 집단 위기개입이 있어왔다. 1974년 Mitchell은 경찰, 소방관, 응급요원을 위한 집단 위기개입을 시작했다.

Rest Information Transition Services(RITS)는 대규모 사건이나 장기간 지속되는 작업 또는 재난 이후에 응급요원, 구조요원, 소방관, 경찰관 등에게 적용하는 사건기반의 위기개입을 대표하고 있다. RITS는 이차외상이 우려되는 초기대응요원 집단의 스트레스 반응을 완화하기 위해서 고안되었으며, 물리적인 휴식과 영양보충, 심리적인 감압, 스트레스 관리 교육으로 구성되어 있다.

RITS는 일반적으로 외상사건에 노출된 직후 교대시점에 적용하여 임시적인 심리적인 감압의 기회를 제공하고자 하는 것이다. RITS의 주요한 목적은 물리적인 휴식의 기회를 제공하고 스트레스 관리에 대한 정보, 재난과 같은 대규모 외상 사건의 여파에서 초기대응 인력이 취할 수 있는 실제적인 회복 가이드를 제공하는 것이다. RITS를 실시할 때에는 외상사건에 대한 대화를 해서는 안 된다. 군 정신의학에 뿌리를 두고 있지만, 물리적인 휴식과 영양공급, 심리교육의 개념은 임시쉼터(respite center)의 발달을 통해서 적용되고 확장되어 왔다. 미 적십자사는 911테러 대응시에 지속적으로 운영하는 임시쉼터 모델을 개척했다(Myers & Wee. 2005).

2) Crisis Management Briefing(CMB)

Crisis Management Briefing은 대규모 집단을 대상으로 사회적 지지를 촉진하며, 루머의 악영향이 퍼지는 것을 감소시키고, 도움이 되는 정보를 전달하기 위해서 만들어졌다(Everly, 2000). CMB는 사건기반의 개입으로, 사건에 영향을 받은 집단에게 정보를 제공함으로써 위와 같은 목적을 달성하고자 하고 있다. 앞서 설명한 RITS와 CMB의 가장 큰 차이는 둘 다 정보를 제공하는 것을 목적으로 하고 있지만, RITS는 소방관, 응급요원, 공권력기관의 종사자 등 초기 대응인력에 대해서만 적용한다는 것이다. 반면, CMB는 지역사회 구성원이나 다른 이해관계자 등에 대해서 일반적인 스트레스 관리에 대한 정보를 제공한다는 점이다. 또, RITS는 초기대응인력을 위해서 음식이 제공되지만, CMB는 그렇지 않다. RITS는 30분 이내에 끝이 나지만, CMB는 경우에 따라 조금 더 길어질 수도 있다.

CMB(Evelry, 2000)는 'group informational briefing(Everly & Mithcell, 1999)이라고 불리던 개입을 재구성하여 만들어진 개입입니다. CMB는 대형 재난뿐만 아니라 산업현장, 기업체, 학교, 군대, 지역사회 등 다양한 장면에서 발생하는 위기사건에 광범위하게 적용된다. 이 개입은 위기사건 발생 후 몇 시간 내에 실시할 수 있고, 필요하다면 반복적으로 실시할 수도 있다. 대규모 집단이나 소규모 집단에도 사용할 수 있다. CMB는 911테러 당시 뉴욕시 경찰청에서 적용하여 더 큰 규모나 긴 시간을 할애하는 등 다양한 방식으로 변형하여 사용되었다.

CMB는 크게 다음과 같이 네 단계로 구분된다.

⑴ 참여자 모집

CMB는 집단이 구성되면 언제든지 실시할 수 있다. 개입의 대상이 되는 집단을 함께 모으고, 개입을 아래 과정을 따라서 개입을 실시한다. 동질한 집단이 아니라도 가능하다.

⑵ 현재 위기 상황에 대한 사실정보

지역사회나 조직에서 권위가 있는 대표자가 위기사건에 대해서 사실에 기반을 둔 정보와 참석자들에 대한 실제적인 가이드를 전달한다. 이때, 기밀 정보를 공개하지 않도록 해야 한다. 특정한 소문이 있다면, 소문에 대해서 확인하거나 부정할 수도 있다. 이 과정에서 주로 다루어져야 하는 내용은 다음과 같다.

① 무슨 일이 일어났나? 위기사건에 대한 자세한 정보를 제공해라.

② 왜 일어났나? 원인이 무엇인가? 사건의 원인에 대해서 설명하라.

③ 사건으로 인해서 지속적으로 영향을 받는 것은 무엇인가? 사건으로 인해서 영향받는 것과 앞으로 예상할 수 있는 내용을 설명하라.

④ 문제를 해결하기 위해서 현재 하고 있는 것은 무엇인가? 현재 취하고 있는 조치들을 설명하라.

⑤ 이런 일이 다시 발생하지 않도록 하기 위해서 무엇을 할 예정인가?

예방하기 위해서 할 수 있는 것과 앞으로 할 것들을 설명하라.

(3) 위기시 심리적 반응에 대한 정보

위기개입팀원은 집단원들이 경험할 수 있는 또는 현재 경험하고 있을 것으로 예상되는 위기사건에 대한 반응들에 대한 정보를 제공한다. 사람들이 일반적으로 외상사건 이후에 나타나는 반응에 내해서 적절하게 설명하는 것만으로도 위기에 처한 사람들의 반응이 경감될 수 있다. 이 단계에서는 위기반응에 대한 정보전달과 함께 정상화를 하는 것이 중요하다.

(4) 스트레스 관리와 대처법

위기개입팀원은 앞으로 회복을 위해서 집단원들이 스스로 할 수 있는 스트레스 관리에 대한 정보와 실제적인 가이드를 전달한다. 또한 가족이나 주변인을 돌보기 위해서 할 수 있는 것, 앞으로 제공될 수 있는 위기개입 서비스나 추가로 어떤 도움을 어디에서 더 받을 수 있는지에 대한 정보를 전달하는 것도 도움이 된다.

많은 경우에 이런 과정을 실시하는 데 30~45분 정도 소요된다. CMB의 마지막에는 질의응답을 실시해야 한다. 사건에 관련된 내용은 지역사회나 조직의 대표가 답변을 하고, 외상사건의 반응과 회복에 대한 부분은 위기개입자가 답변한다. 가장 효과적인 CMB는 예상되는 질문과 그에 대한 답변 내용을 미리 전달하는 것이다.

재난처럼 장기간으로 지속되는 사건이라면 CMB는 반복해서 실시할 수 있으나, 매번 새로운 정보가 업데이트 되어야만 한다. CMB는 집단에 정보를 제공하기 때문에 집단원들은 평정을 유지하고, 일반적으로 권위에 더 협조적이 된다.

CMB는 집단의 크기와 상관없이 광범위한 상황에 사용할 수 있기 때문에 CISM 개입 중에 가장 활용도가 높은 개입이라고 할 수 있다.

3) Defusing

상호작용 집단 위기개입 중 첫 번째는 defusing이다. 일반적으로 상호작용이 가능하도록 2~20명 정도의 크기로 집단을 구성하는 것이 좋다. defusing은 크게 세 단계로 나뉘고, 위기사건이 발생한 후 12시간 이내에 실시하며, 약 20~30분 정도의 시간이 소요된다. 외상막은 외상사건 이후에 아주 짧은 시간 안에 만들어지기 시작하기 때문에 개입의 시점은 중요하다. defusing은 처음에 고통을 호소하는 피해자들에게 쿠션과 같은 완충재로 작용할 수도 있지만, 도움을 제공하는 것에 방해가 될 수도 있다. 외상막을 외상사건 이후에 빠르게 닫히는 창문이라고 생각할 수 있다. 한번 닫히면, 적절한 도움을 전달하는 것이 더 어려워진다. 이것이 defusing을 외상사건이 끝난 후 8~12시간 이내에 실시해야 하는 이유이다.

Defusing은 위기사건을 경험한 동질집단이 위기사건에 대해서 간단하게 이야기하도록 구성되어 있다. 이런 과정은 중요한 두 가지 역할을 하게 되는데, 첫 번째 역할은 외상을 경험한 집단을 안정화 하는 것을 도와주고, 집단의 응집력과 수행능력을 향상시킨다는 것이다. 두 번째 역할은 추가적인 서비스나 지속적인 도움이 필요한 사람이 누구인지 결정할 수 있도록 평가하는 것이다. 이 과정에서 이루어지는 대화는 상황에 대한 깊이 있는 검토나 참여자들의 반응에 대한 치료적인 깊은 대화가 아니다. 이런 식의 대화는 피하고, 개인과 집단에 대한 평가를 해야 한다.

Defusing은 CISM 개입에 대해 훈련받은 위기개입팀원이 진행해야 한다. 위기개입 팀원은 이후 개입에 대한 평가나 추후관리를 반드시 실시해야 하는데, 일반적으로 defusing 개입 이후 며칠이 지난 다음 Critical Incident Stress Debriefing을 실시하게 된다. Defusing 개입이 잘 이루어지면 이후 CISD 개입에 대한 필요성을 감소시키거나, CISD가 훨씬 더 원활하게 이루어질 수 있도록 한다. Defusing은 다음의 세 단계를 통해 진행된다.

① 소개 : 위기개입팀은 개입을 시작하기에 앞서 개입자에 대한 소개, 개입의 목적에 대한 소개와 함께 전체 과정에 대한 소개를 해야 한다. 소개의

중요성을 간과해서는 안 된다. 소개단계에서 개입에 대한 기대를 설정하고, 동기부여를 하는 것이 중요하다. 개입을 시작하기에 앞서 간단한 규칙을 설명해야 한다. 특히, 비밀보장의 원칙을 강조하고, 타인의 관점이나 이야기에 대해서 비판하지 말 것을 분명하게 전달해야 한다. 이 외에 예상되는 문제점들에 대해서 사전에 언급하는 것이 좋다.

② 탐색 : 이 단계에서는 외상사건에 내해서 간난하게 이야기하도록 요청하게 된다. 모든 사람이 다 이야기 할 필요는 없다. 이야기하고자 하는 사람이 자발적으로 참여하게 하고, 상세한 부분을 탐색할 필요는 없다. 외상사건에 대한 경험과 감정을 할 수 있는 만큼만 공유하는 것이다. 위기개입팀은 참여자들의 이야기를 잘 듣고, 필요하다면 질문하는 동시에 도움이 필요한 사람들이 있는지를 잘 관찰하여야 한다.

③ 정보 : 이 단계는 위기개입팀이 참여자들에게 스트레스 관리에 대한 정보와 회복하는 데 필요한 간단한 지침을 제공하는 것이다. 이 단계에서 중요한 것은 참여자들의 위기에 대한 반응이 정상임을 강조하는 것이다. 지금은 여러 가지 외상반응이 불편감을 초래하지만, 점차 나아질 것이고 위기개입자가 제공하는 지침을 잘 따라하는 것이 회복에 도움이 된다는 것을 정확하게 전달해야 한다. 위기개입자는 앞선 '탐색'단계에서 나온 정보를 바탕으로 인지적인 재구조화를 시도할 수도 있다. 예를 들면, "아까 A 씨가 자신의 잘못 때문에 그 사람이 죽었다고 생각한다고 했는데, 다른 분의 이야기를 통해서 그 분은 이미 A 씨가 도착했을 당시 사망했던 것으로 확인되었습니다. 또 하나 중요한 사실은 A 씨가 도착한 이후에는 그 누구도 죽지 않았다는 것입니다." Defusing이나 CISD 과정에서의 인지적인 재구조화는 파국적인 해석이나 잘못한 것에 대한 대안을 제공하여 회복을 촉진하게 된다.

4) Critical Incident Stress Debriefing(CISD)

Debriefing이라는 단어는 여러 가지 의미를 지닌다. 일반적으로 디브리핑은 인터뷰나 상황에 대한 조사 등 질의 응답을 통해 사실에 대한 정보를 수집하는 과정을 뜻한다. 또, 경험에서 얻어지는 것의 과정이라고 사용되기도 한다. CISM에서는 일반적인 의미로 사용되는 debriefing이 아닌 상호작용 집단 과정을 의미하는 CISD를 사용하고 있다.

CISD는 같은 위기사건을 비슷한 수준으로 경험한 소규모 동질집단에게 적용하기 위한 상호작용 집단지지 개입이다. Jeffery T. Mitchell 박사는 1974년 CISD는 상호작용 집단 위기개입 과정을 처음으로 개발했다. 처음 CISD는 외상사건을 경험한 동질집단을 위한 지지서비스로 개발되었다. 학교, 기업체 등 광범위한 동질집단을 대상으로 성공적으로 상용되었지만, 원래는 경찰관, 소방관, 응급요원 등과 같은 초기 대응자를 위한 개입프로그램으로 만들어졌다. '지지'라는 단어는 '사람들을 돕거나 집단이 안정되게 돕기, 사람들을 위한 케어, 이들이 안정되도록 돕거나 집단이나 개인을 강화한다'는 것을 의미한다. 이 단어의 다른 의미는 '위기에 처한 사람에게 적극적인 도움과 격려를 제공, 적극적인 원조를 제공하고, 편안함을 제공하거나 부담을 견디게 하는 것'이란 의미도 있다.

CISD의 주된 목적은 외상경험 이후 집단을 지지하고, 팀의 응집력과 수행능력을 재건하는 데 있다. 또한 급성의 위기사건 이후 위기반응을 완화하는 것이 주요한 목적이다. 가끔 CISD와 CISM을 혼동하는 경우가 많이 있는데, CISD는 CISM의 한 부분일 뿐이고, 다른 개입과 별개로 사용되어서는 안 된다. 또한 CISD는 PTSD와 같은 정신질환을 치료하기 위한 것도 아니다. 위기개입이 잘 이루어졌을 때, PTSD와 같은 정신질환으로 이어질 수 있는 위험을 경감하는 치료적 가치의 가능성을 가질 수는 있지만, 개입의 주요한 목적은 아니다. CISD는 심리치료도 아니고, 심리치료를 대신하는 것도 아니다.

CISD는 defusing과 마찬가지로 2~20명 정도의 집단을 구성해서 실시할 수 있다. 인원이 많아지면, 참여자들이 개입과정에 충분히 참여하지 못하게 되며, 위기개입자 역시 긴장도가 증가하고 더 많은 시간이 소요되어 피로감이 누적되는 결과를 낳게 된다. 장소는 외부로부터 방해받지 않는 공간이 적절하고, 참석자들이 모두 수용될 수 있는 넉넉한 공간에서 실시한다. 2명 이상의 개입자가 CISD를 실시하는 동안 적어도 두 개의 역할이 요구된다. 첫 번째는 리더이다. 리더는 위기개입팀을 조직하고, 전체과정을 진행한다. 두 번째는 문지기(doorkeeper)이다. 문지기의 역할은 CISD가 진행되는 동안 외부에서 발생할 수 있는 돌발 상황이 CISD의 과정을 방해하는 것을 막고, 참여자 중 그 공간에서 잠시 떠나고자 하는 사람이 있다면 그 사람을 돕는 역할을 한다.

CISD가 진행되는 시간은 위기개입팀의 경험, 위기사건의 유형과 여파, 참여자의 수 등에 따라 달라질 수 있으나, 일반적으로 1~2시간 이상이 소요된다. CISD는 다음과 같이 7단계로 진행된다.

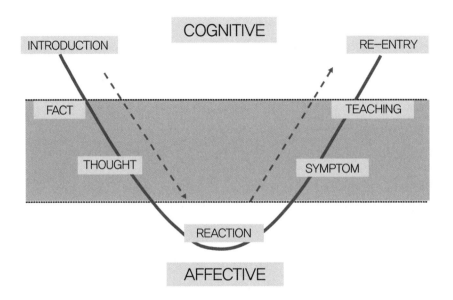

① 소개(introduction) : 위기개입팀의 간단한 소개

첫 번째 단계는 위기개입팀에 대한 소개로 시작한다. 소개 단계에서는 개입 과정에 대한 진행규칙을 설명한다. 또한 참여자들의 동기를 부여하고, 기대감을 심어주는 것이 필요하다. 진행과정에서 생길 수 있는 문제점을 미리 예상해보고 예방하는 가이드를 전달하게 된다. 특히, 비밀보장의 원칙을 정확하게 설명하는 것이 필요하다.

② 사실(fact) : 상황에 대한 간단한 리뷰

사실 단계에서는 참석자들이 경험한 위기사건에 대해서 간략하게 설명하도록 하는 기회를 제공한다. 상세하게 기술할 필요는 없다. 간략하게 이야기하도록 하는 것이지, 사건을 재경험하게 할 필요는 없다. 이 단계는 개입팀과 참석자들이 사건에 대해서 이해하도록 하는 것에 초점을 맞춘다. 만약 일치하지 않는 사실이 있다면, 위기개입팀은 사실들을 모아서 정확하게 하는 시도를 해야 한다. 참석자가 너무 많다면 일일이 돌아가면서 이야기하기 보다는 다른 질문을 통해서 시간을 절약할 수 있다. 예를 들면, "현장에 가장 먼저 도착한 사람은 누구인가요? 그때 무슨 일이 있었는지 설명해 주시겠습니까? 그 다음에 도착한 사람은 누구인가요? 그때 보시기엔 어떤 일이 있었죠?"와 같은 질문을 사용할 수 있다.

③ 생각(thought) : 위기사건에 대한 첫 인상

생각 단계에서 사건에 관한 첫 번째 생각을 묻게 된다. 이 단계의 목표는 참여자들이 사건과 관련한 가장 중요한 생각이나 인지를 이야기하도록 하는 것이다. 이 과정은 인지적인 영역에서 정서적인 영역으로 전환되는 과정이다. 사건의 정서적인 부분을 이야기하기 전에 사실과 관련된 이야기를 하는 것이 훨씬 쉽다. 생각 단계는 여전히 어떤 사실들이 표현되기도 하지만 어떤 참석자들은 좀 더 정서적인 내용의 생각이나 느낌을 표현하기도 한다. 이 단계에서 사용한 질문은 제한을 두지 않고 인지적인 영역의 대답으로만 제한하지 않는다. 다음은 생각단계에서 사용할 수 잇는 질문의 예시이다. "사고 과정에서 처음 든 생각이나 지배적인 생각은 무엇이었나요? 사고 동안에 불안한 생각이나 이상한 생각이 들었나요?"

사실과 생각 단계까지는 모든 참석자들이 돌아가면서 이야기하도록 한다. 그러나 모든 사람이 반드시 이야기해야 하는 것은 아니다.

④ 반응(reaction) : 사건이 개인에게 가장 영향을 미친 부분

반응 단계에서는 정서적인 부분이 간단하게 탐색된다. 정서를 다룬다는

것이 심하게 울거나 눈에 띌 정도의 정서적인 고통을 보여야 한다는 것은 아니다. 가장 중요한 것은 정서를 노골적으로 드러내지 않고, 솔직하게 경험에 대한 이야기를 하는 것이다. 위기개입자는 다음과 같은 질문으로 이 단계를 진행할 수 있다. "이 일이 당신에게 가장 악영향을 미친 것은 어떤 것인가요? 가장 당신을 힘들게 하는 것은 어떤 것인가요?"

⑤ 증상(symptoms) : 디스트레스 반응과 증상

증상 단계는 인지적인 영역으로 다시 돌아오는 단계로, 위기사건 발생 이후에 일어나는 인지·정서·행동·신체적인 증상을 간단하게 이야기하는 단계이다. 이 단계에서 중요한 점은 참석자들이 이야기하는 증상들이 위기 이후에 나타나는 일반적이고 정상적인 반응임을 확인하는 것이다. 참석자들은 다른 참석자들도 자신과 유사한 반응들을 가지고 있음을 확인하는 것으로 이러한 사실을 스스로 알아챌 수 있다. 다음과 같은 질문을 통해서 참석자들의 증상을 확인할 수 있다. "그 일 이후에 어떤 증상(반응)들이 나타나고 있나요? 그 일 이후에 자각할 만한 디스트레스 징후가 있나요? 여러분들의 행동이 어떻게 달라졌나요?"

⑥ 교육(teaching) : 회복을 위한 정보와 지침

교육단계는 CISD에서 가장 중요한 단계 중 하나이다. 위기개입자는 이전 단계에서 이야기한 증상에 대해서 설명하고 정상화한다. 또한 스트레스 관리에 관한 정보와 회복을 위한 지침을 제공한다. 특정한 상황에서 참여자들에게 도움이 될 만한 또 다른 정보가 있다면 알려줄 수도 있다. 위기개입자는 다음과 같은 간단한 코멘트를 이 단계에서 사용할 수 있다. "운동을 하거나 현재 상태에 대해서 믿을 만한 사람과 이야기를 나누는 것은 지금과 같은 상황을 극복하는 데 매우 도움이 되는 방법으로 잘 알려져 있습니다. 며칠 동안 식욕이 없거나 소화가 잘 되지 않을 수도 있습니다. 이런 반응들은 위기를 경험할 때 많은 사람들이 보이는 반응입니다. 지금은 다소 불편하겠지만, 시간이 지나면 차츰 사라지게 될 것입니다."

7) 복귀(re-entry) : **전체 과정의 요약**

마지막 단계는 CISD 개입의 전체 과정을 마무리하는 단계로 앞선 단계를 간략하게 요약한다. 혹시 설명되지 않은 내용이나 질문이 있다면 답변을 하는 시간을 갖는다. 종결하면서 주의할 것은, 참여자들이 모두 인지적인 영역으로 돌아왔는지 확인해야 한다. 참석자 중에 여전히 불안한 정서 상태를 보인다면, 다수의 사람들이 보이는 반응에 따라 자연스럽게 끝이 나도록 해야 한다. 마지막으로 중요한 지침을 다시 한번 강조하고 끝인사를 하는 것으로 개입을 마무리 한다.

CISD의 과정이 끝나며, 위기개입자는 참석자와 개인적인 접촉을 통해 회복여부를 확인한다. 참석자는 적어도 1명의 위기개입자와 악수를 한다. 특히, 개입자는 CISD과정에서 눈여겨보던 사람이 있다면 회복의 정도를 확인해야 한다. 일반적으로 CISD는 인지적인 영역에서 시작해서 정서적인 영역을 거쳐 다시 인지적인 영역으로 돌아와 끝이 난다. 리더는 모든 사람들이 이런 과정을 잘 따라오도록 인도해야 하고, 다수의 그룹원이 인지적인 영역으로 돌아왔을 때 개입을 마무리해야 한다.

[별첨 1] 위기분류 평가 양식(Triage Assessment Form) : 위기개입

© R.A. Myer. R.C. Williams, A.J. Ottens, and A.E. Schmidt

위기사건

위기사건에 대해서 간단하게 기술하세요.

_____
_____
_____
_____

정서영역

현재의 정서를 간단하게 기술하세요. (한 가지 이상의 정서라면 첫 번째에 #1, 두 번째에 #2, 세 번째에 #3라고 표시하세요)

분노 / 적대감 : _____
_____
_____

불안 / 두려움 : _____
_____
_____

슬픔 / 우울감 _____
_____
_____

정서적 심각성 수준

위기 반응에 가장 일치하는 숫자에 체크하세요.

1	2	3	4	5	6	7	8	9	10
손상 없음	최소한의 손상		경미한 손상		중등도의 손상		현저한 손상		심각한 손상
일상기능에 적절한 정상적인 변화의 안정된 기분.	상황에 맞는 정서. 가볍긴 하지만 상황이 초래할 것보다 부정적인 기분을 단기간 더 강하게 경험.		상황에 맞는 정서를 보이지만 상황보다 부정적 기분을 더 강하게 경험하는 기간이 점차 길어짐. 감정을 대체로 통제할수 있는 것으로 지각.		정서가 상황에 맞지 않음을 볼 수 있음. 부정적 기분을 강하게 느끼는 기간이 확장. 상황이 초래할 것으로 보이는 것 보다 더 강한 기분을 눈에띄게 경험.		상황보다 현저하게 높은 수준에서 부정적 정서 경험. 정서는 분명하게 상황에 맞지 않음. 부정적인 기분을 통제 할 수 없다고 지각.		보상작용의 상실 또는 분명한 이인화.

인지영역

다음 중에서 침범, 위협, 상실이 있다면 간단하게 기술하세요. (한 가지 이상의 인지반응이라면 첫 번째에 #1, 두 번째에 #2, 세 번째에 #3라고 표시하세요.)

물리적(음식, 물, 안전, 쉼터 등)

침범　　　위협　　　　상실 _____

_____

_____

심리적(자아개념, 정서적 안정, 정체감 등)

침범　　　위협　　　　상실 _____

_____

_____

사회적 관계(가족, 친구, 동료 등)

침범   위협   상실

_____

_____

_____

도덕적/영적(인격적 통합, 가치, 신념체계 등)

침범   위협   상실

_____

_____

_____

인지적 심각성 수준

위기 반응에 가장 일치하는 숫자에 체크하세요.

1	2	3	4	5	6	7	8	9	10
손상 없음	최소한의 손상		경미한 손상		중등도의 손상		현저한 손상		심각한 손상
집중력 손상되지 않음. 정상적인 문제해결력과 의사결정력을 보임. 위기사건에 대한 지각과 해석은 실제상황과 부합.	사고가 위기사건에 빠져있지만, 사고의 초점은 의지적인 통제속에 있음. 문제해결력과 의사결정력에 미치는 영향은 극소. 위기사건에 대한 지각과 해석은 대체로 실제 상황과 부합.		경우에 따라 집중장애 보임. 위기사건에 관한 사고통제의 감소지각. 문제해결력과 의사결정력에서 정기적으로 어려움을 경험. 위기사건에 대한 지각과 해석, 실제 상황과 어떤 면에서 다를 수 있음.		빈번한 집중장애. 위기사건에 대한 침습적 사고로 통제력 제한, 강박, 자기의심, 혼란이 문제해결력과 의사결정력에 부정적 영향. 위기사건에 대한 지각과 해석은 실제 상황과 아주 다를 수 있음.		위기사건에 대한 침습적 사고로 고통당함. 강박과 자기의심, 혼란으로 문제해결력과 의사결정력의 적절성에 영향을 받은 위기사건에 대한 지각과 해석은 대체로 다를 수 있음.		위기사건 외 집중이 거의 안됨. 강박, 자기의심, 혼란으로 고통받아 문제해결력과 의사결정력 차단. 위기사건에 대한 지각과 해석은 실제상황과 대체로 달라서 개인의 안녕에 위협.

행동영역

현재 취하고 있는 행동을 간단하게 간단하게 기술하세요. (한 가지 이상의 행동을 하고 있아면 첫 번째에 #1, 두 번째에 #2, 세 번째에 #3라고 표시하세요)

접근

_____

_____

회피

_____

_____

고정(부동상태)

_____

_____

행동적 심각성 수준

위기 반응에 가장 일치하는 숫자에 체크하세요.

1	2	3	4	5	6	7	8	9	10
손상 없음	최소한의 손상		경미한 손상		중등도의 손상		현저한 손상		심각한 손상
위기사건에 대한 적절한 대처행동. 일상적인 기능에 필요한 임무수행.	경우에 따라 비효과적인 대처행동. 일상적인 기능에 필요한 임무를 수행하기 위해 많이 노력.		경우에 따라 비효과적인 대처행동. 일상적인 기능에 필요한 일부 임무에 소홀하고 효과를 떨어뜨리면서 다른 일 수행.		비효과적이고 부적응적인 대처행동. 일상적인 기능에 필요한 임무수행 능력 눈에 띄게 손상.		위기상황을 악화시키는 행동. 일상적 기능 수행 능력 현저하게 부재.		행동이 산만하고 예측불가. 행동이 자신과 타인에게 유해.

영역별 심각성 수준 합계

정서 :

인지 :

행동 :

합계 :

참고문헌

Aguilera, D. C.(1998). Crisis intervention. Theory ad methodolgy. Saint Louis: The C.V. Mosby company.

American Psychiatric Association (1954). *Psychological first aid in community disasters.* Washington, DC: Author.

Artiss, K.(1963). Human Behavior under Stress: From combat to social psychiatry. Military Medicine, 128. 1011−1015.

Bandura, A.(1997). *self−efficacy: the exercise of control.* New York: W. H. Freeman

Bettleheim, B. (1984). afterward. In C. Vegh. *I Didn't Say Good−bye.* NY: E. P. Dutton

Bordow, S. & Porritt, D.(1979). An experimental evaluation of crisis intervention. Social Science and Medicine, 13, 251−256.

Bowlby, J. (1969). Attachment. NY: Basic Books.

Buckley, T. C., Blanchard, E. & Hickling, E. (1996). Aprospective examination of delayed onset PTSD secondary to motor vehicle accidents. *Journal of Medical Psychology,* 105, 617−625

Bunn, T. & Clarke, A. (1979). Crisis intervention. *British Journal of Medical Psychology,* 52, 191−195.

Campfield, K. & Hills, A. (2001). Effect of Timing of Critical Incident stress Debriefing on posttraumatic symptoms. *Journal of traumatic stress,* 14, 327−340.

Caplan, G. (1964). Principles of preventive psychiatry. New York: Basic Books.

Caplan, G.(1974). Support Systems and Community Mental Health: Lectures on concepts development, NY. Behavioral Publications.

Caplan. G.(1961) An approach to community mental thealth. NY: Grune and

Statton.

Caplan. G.(1965) Principles of preventive psychiatry. NY: Basic Books.

Corcoran, J., & Allen, S.(2005). The effects of a police/victim assistance crisis team approach to domestic violence. *Journal of Family Violence*, 20, 39–45

Dalgeish, T., Joseph, S., Thrasher, S., Tranah, T., & Yule, W.(1996) Crisis support following the herald of free enterprise disaster. *Journal of traumatic Stress*, 9, 833–845.

Erikson. E. H.(1959). Identify and the Life Cycle: Selected Papers. Psychological Issues 1.

Everly, G. S., & Mitchell. J. M.(2008). Integrative Crisis Intervention and Disaster mental health. Ellicott city,MD: Chevron Publishing.

Everly, G.S., Jr., &Flynn, B.W. (2005). Principles and practice of acute psychological first aid after disasters In G.S.Everly,Jr.,& C.L.Parker (Eds.), *Mental health aspects of disaster: Public health preparedness and response*, Vol.1,(pp.68–76). Baltimore: Johns Hopkins Center for Public Health Preparedness

Everly, G. S., Jr. & Lating, J. M. (1995). *Psychotraumatology*. New York: Plenum.

Everly, G. S., Jr. & Lating, J. T. (2004). *Personality guided therapy for posttraumatic stress*. Washington, DC: APA Press

Everly, G. S., Jr. & Mitchell, J. T. (1999). *Critical Incident Stress Management(CISM): A new era and standard of care in crisis intervention*. Ellicott City, MD: Chevron.

Everly, G. S., Jr. (1989). *A clinical guide to the treatment of the human stress response*. NY:Plenum.

Everly, G. S., Jr. (1993). Psychotraumatology:A two–factor formulation of post– traumatic stress. *Integrative Physiology and Behavioral Science*, 28, 270–278

Farberow, N. L. & Litman, R. E. (1970). A Comprehensive Suicide prevention program. Suicide prevention center of Los Angeles, 1958–1699. Unpublished final report DHEW NIMH Grants Nos. MG14946&MH 00128. Los Angeles, Suicide Prevention Center.

Flannery, R. B.Jr. (1990). Social Support and psychological trauma: A method— ological review. *Journal of Traumatic Stress*, 3, 593—612.

France, K.(2007). Crisis Intervention; A handbook of immediate person to person help. Thomas books.

Frank, J. D. (1974). *Persuasion and healing.* Baltimore: Johns Hopkins University Press.

Gilliland, B. E., & James, R. K.(1998). Theories and strategies in counseling and psychotherapy(4th ed.).Boston: Allyn & Bacon.

Golan, N. (1978). Treatment in crisis situations. NY: Free Press.

Halpern, H. A. (1984). Crisis Theory: A Definitional Study. Cited by K. A. Slaikeu: Crisis intervention: A Handbook for practice and research. Newton, Massachusetts: Allyn and Bacon, Inc.

Hoff, L. A.(1995). People in crisis: Understanding and helping(4th ed). Redwood City, Ca: Addison—Wesley.

Hytten, K. & Hasle, A.(1989). Fire—fighters: A study of stress and coping. Acta Psychiatrica Scandinavica, Supp. 355, 80, 50—55.

Institute of Medicine (2003). *Preparing for the psychological consequences of terrorism: A public health strategy.* Washington, DC: The National Academy of Sciences.

Inter Agency Standing Committee (IASC;2007). *IASC—guidelines on mental health and psychosocial support in emergency settings.* Geneva: IASC.

James, R. K., & Gilliland, B. E.(2001) Crisis intervention strategies(4th Ed). Pacific Grove, CA: Brooks/Cole.

Jonsson, U. (1995). Slutrapport fran globen—projektet. Stockholm: Ploishogskolan.

Kalafat, J. (2002). Crisis intervention and counseling by telephone: An update. In D. Lester(ed.): Crisis intervention and counseling by telephone, 2nd Ed. Springfield IL, Charles C Thomas.

Kardiner, A. & Spiegel, H.(1947). War, stress, and neurotic illness, NY. Hoeber.

Konig, A., Lating, J., & Kirkhart, M. (2007). Content of exposure and death: Autonomic response to talking about a stressful event. *Brief Treatment and Crisis Intervention*, 7, 176—183.

Lindemann, E. (1944). Symptomatology and management of Acute Grief. *American Journal of Psychiatry* 101(9)

Lindy, J. D. (1985). The trauma membrane and other clinical concepts derived from psychotherapeutic work with survivors of natural disaster. *Psychiatric Annals*, 15, 153−160.

Maslow, A. (1970). Motivation and personality. NY: Harper and Row.

Meichenbaum, D., & Fitzpatrick, D. (1993). A narrative constructivist perspective of stress and coping: Stress inoculation applications. In L. Goldberger & S. Breznitz(Eds.), Handbook of stress (2nd Ed.). New York: Free Press

Menninger, W. W. (2002). Workplace Violence. Paper presented at the FBI Critical Incident Analysis Group's Violence in the Workplace Symposium. Leesburg, VA.

Miller, K. S. & I. Iscoe. (1963). The concept of crisis. *Human organization 22.*

Million, T., Grossman, S., Meagher, D., Million, C. & Everly, G. S., Jr. (1999). personality guided therapy. NY; Wiley.

Mitchell, J. T.(2004). Characteristics of successful early intervention programs. International Journal of Emergency Mental Health, 6(4), 175−184.

Mitchell, J. T.(2007). Group crisis wupport: Why it works, when and how to provide it. Ellicott city,MD: Chevron Publishing.

Myer, R. A.(2001). Assessment for crisis intervention: a Triage assessment model. Belmont: Brooks/Cole.

Myer, R., Williams, R. C., Ottens, A. J., & Schmidt, A. E.(1992). A three−dimensional model for triage. Journal of mental health counseling, 14, 137−148.

National Child Traumatic Stress Network and National Center for PTSD(2005, September). Psychological First Aid: Field operations guide. Washington, DC: Author. Retrieved from http://www.ncptsd.va.gov/pfa/PFA_9_6_05_Final.pdf.

National Institute of Mental Health (2002). Mental health and mass violence. Washington, D.C.: Author

Parad, H. J. (1966). the use of time limited crisis intervention in community mental health programming. *Social service review 40(9).* 275−282.

Pennebaker, J. W. & Bealls, S.(1986). Confronting a traumatic event. Journal of Abnormal psychology, 95, 274−281.

Pennebaker, J. W. (1990). *Opening up: The healing power of confiding in others*. NY: Avon.

Pennebaker, J. W. (1999). The effects of traumatic exposure on physical and mental health: The values of writing and talking about upsetting events. *International Journal of emergency Mental Health*, 1, 9−18.

Pennebaker, J. W.(1985). Traumatic experience and psychosomatic disease. *Canadian Psychologist*, 26, 82−95.

Peterson, C., Maier, S. F., & Seligman, M.E.P,(1993). Learned Helpless: A Theory for the age of personal control. NY, Oxford University Press.

Post, R. (1992). Transduction of psychosocial stress onto the neurobiology of recurrent affective disorder. American Journal of Psychiatry, 149, 990−1010.

Raphael, B. (1986). *When disaster strikes*. NY: Basic Books.

Rapoport, L. (1965). The state of crisis. In H. Parad(Ed.). *Crisis intervention: selected readings*. NY: Family Service Association of America.

Rapoport, L.(1967). Crisis−Oriented Short Term casework. social service Review 41(1). 42−43.

Richard K. James & Burl E. Gilliland(2005). Crisis Intervention Strategies, 5th. Cengage Learning.

Roberts, A. R.(Ed.)(2005). Crisis intervention handbook; Assessment, treatment, and research (3rd). New York: Oxford University press.

Rogers, C. (1951). *Client−centered therapy*. Boston: Houghton Mifflin.

Salmon, T.(1919). War neuroses and their lesson, *New York Medical Journal*, 108, 993−994.

Shapiro, D. E., & Koocher, G. P. (1996) Goals and practical considerations in outpatient medical crises intervention. Professional psychology: Research and Practice, 27, 109−120.

Shelby, J. S. & Tredinnick, M. G.(1995). Crisis intervention with survivors of natural disaster: Lessons from Hurricane Andrew. Journal of counseling&development, 73. 491−497.

Slaby, A., Lieb, J., & Tancredi, L.(1975). *Handbook of psychiatric emergencies*. Flushing, NY: Medical Examination Publishing.

Smith. L. L.(1978). A Review of crisis intervention theory. Social Casework 5(7). 398.

Solomon, Z. & Benbenishty, R.(1986).The role of proximity, immediacy, and expectancy in frontline treatment of combat stress reaction among Israelis in the Levanon War. *American Journal of Psychiatry, 143*, 613 − 617.

Solomon,Z., Shklar,R. and Mikulincer, M.(2005). Frontline treatment of combat stress reaction: A 20 − year longitudinal evaluation study, *American Journal of Psychiatry, 162*, 2309 − 2314.

Spiegel, D. & Classen, C. (1995).Acute stress disorder. In G. Gabbard(Ed.). *Treatments of psychiatric disorders* (pp.1521 − 1537). Washington, DC: American Psychiatric Press.

Taylor, S. (1983). Adjustment to threatening events. *American Psychologist, 38*, 1161 − 1173.

Thomas, W. I. (1951). Theory and Social Research. in E. Volker(Ed.). Social Behavior and personality contributions. *New York: Service Research Council.*

U.S. Dept of Health and Human Services (2004). *Mental health response to mass violence and terrorism.* DHHS Pub #SMA3959 rockville, MD: Center for Mental Health Services, SAMHSA.

van der Hart, O.,Brown, P.,& van der Kolk, B.(1989). Pierre Jarnet's treatment of posttraumatic stress. *Journal of Traumatic Stress, 2*, 379 − 396

Vecchi, G. M., Van Hasselt, V, B. & Romano. S.J.(2005). Crisis(hostage) Negotiation: Current strategies and issues in high − risk conflict resolution. Aggression and Violent Behavior, 10. 533 − 551.

Watson, P. Shalev, A.(2005). Assessment and treatment of adult acute responses to traumatic stress following mass traumatic events. CNS Spectrum, 123 − 131.

Weisaeth, L.(1989). A study of behacioral responses to an industrial disaster. Acta Psychiatrica Scandinavica, Supp. 355, 80, 13 − 24.

Wollman, D. (1993). Critical Incident Stress Debriefing and crisis groups: A review of literature. *Group, 17,* 70 – 83.

Yalom, I. (1970). *Theory and practice of Group psychotherapy.* NY: Basic books.

색 인

부록

관련 기관 안내

일반 정신 건강 관련 기관

기관명	연락처
〈정부 및 공공기관 및 유관기관〉	
보건복지부	129 (공휴일, 야간: 044 – 202 – 2118)
국립정신건강센터	02 – 2204 – 0114
중앙정신건강복지사업지원단	02 – 747 – 3070
질병관리본부	043 – 719 – 7065
국방헬프콜	1303
중앙장애인권익옹호기관	02 – 6951 – 1790
〈경찰 트라우마센터〉	
서울 보라매병원	02 – 870 – 2114
대전 유성선병원	1588 – 7011
부산 온종합병원	051 – 607 – 0114
광주 조선대학교병원	062 – 220 – 3398
〈광역정신건강복지센터〉	
서울시정신건강복지센터	02 – 3444 – 9934
경기도정신건강복지센터	031 – 212 – 0435~6
인천광역정신건강복지센터	032 – 468 – 9911
충청북도광역정신건강복지센터	043 – 217 – 0597
충청남도광역정신건강복지센터	041 – 633 – 9183
대전광역정신건강복지센터	042 – 486 – 0005
경상남도정신건강복지센터	055 – 239 – 1400
경상북도정신건강복지센터	054 – 748 – 6400
대구광역정신건강복지센터	053 – 256 – 0199
전라북도광역정신건강복지센터	063 – 251 – 0650
전라남도광역정신건강복지센터	061 – 350 – 1700

기관명	연락처
광주광역정신건강복지센터	062 – 600 – 1930
강원도광역정신건강복지센터	033 – 251 – 1970
울산광역정신건강복지센터	052 – 716 – 7199
부산광역정신건강복지센터	051 – 242 – 2575
제주특별자치도광역정신건강복지센터	064 – 717 – 3000
〈지역별 정신건강복지센터〉 – 서울	
강남구정신건강복지센터	02 – 2226 – 0344
강동구정신건강복지센터	02 – 471 – 3223
강북구정신건강복지센터	02 – 985 – 0222
강서구정신건강복지센터	02 – 2600 – 5926
관악구정신건강복지센터	02 – 879 – 4911
광진구정신건강복지센터	02 – 450 – 1895
구로정신건강복지센터	02 – 860 – 2618
금천구정신건강복지센터	02 – 3281 – 9314
노원구정신건강복지센터	02 – 950 – 4591
도봉구정신건강복지센터	02 – 900 – 5783
동대문구정신건강복지센터	02 – 963 – 1621
동작구정신건강복지센터	02 – 588 – 1455
마포구정신건강복지센터	02 – 3272 – 4937
서대문구정신건강복지센터	02 – 337 – 2165
서초구정신건강복지센터	02 – 2155 – 8215
성동구정신건강복지센터	02 – 2298 – 1080
성북구정신건강복지센터	02 – 2241 – 6304
송파정신건강복지센터	02 – 421 – 5871
양천구정신건강복지센터	02 – 2061 – 8881
영등포구정신건강복지센터	02 – 2670 – 4753
용산구정신건강복지센터	02 – 2199 – 8370
은평구정신건강복지센터	02 – 353 – 2801
종로구정신건강복지센터	02 – 745 – 0199
중구정신건강복지센터(서울)	02 – 2236 – 6606

기관명	연락처
중랑구정신건강복지센터	02 – 3422 – 5921~3
– 경기도	
가평군정신건강복지센터	031 – 581 – 8881
고양시아동청소년정신건강증진센터	031 – 908 – 3567
고양시정신건강증진센터	031 – 968 – 2333
과천시정신건강증진센터	02 – 504 – 4440
광명시정신건강복지센터	02 – 897 – 7786
광주시정신건강복지센터 (경기)	031 – 762 – 8728
구리시정신건강복지센터	031 – 550 – 8614
군포시정신건강증진센터	031 – 461 – 1771
김포시정신건강복지센터	031 – 998 – 2005
남양주시정신건강복지센터	031 – 592 – 5891
동두천시정신건강복지센터	031 – 863 – 3632
부천시정신건강복지센터	032 – 654 – 4024~7
성남시소아청소년정신건강복지센터	031 – 751 – 2445
성남시정신건강복지센터	031 – 754 – 3220
수원시노인정신건강센터	031 – 273 – 7511
수원시아동청소년정신건강센터	031 – 242 – 5737
수원시정신건강복지센터	031 – 247 – 0888
수원시행복정신건강복지센터	031 – 253 – 5737
시흥시정신건강복지센터	031 – 316 – 6661
안산시정신건강복지센터	031 – 411 – 7573
안성시정신건강복지센터	031 – 378 – 5361~9
안양시정신건강복지센터	031 – 469 – 2989
양주시정신건강복지센터	031 – 840 – 7320
양평군정신건강복지센터	031 – 770 – 3526
여주시정신건강복지센터	031 – 886 – 3435
연천군정신건강증진센터	031 – 832 – 8106
오산시정신건강증진센터	031 – 374 – 8680
용인시정신건강증진센터	031 – 286 – 0949
의왕시정신보건센터	031 – 458 – 0682
의정부시정신건강복지센터	031 – 828 – 4547

기관명	연락처
이천시정신건강복지센터	031 – 637 – 2330
파주시정신건강증진센터	031 – 942 – 2117
평택시정신건강증진센터	031 – 658 – 9818
포천시 정신건강복지센터	031 – 532 – 1655
하남시정신건강복지센터	031 – 793 – 6552
화성시정신건강복지센터	031 – 369 – 2892
– 인천	
강화군정신건강복지센터	032 – 932 – 4093
계양구정신건강복지센터	032 – 547 – 7087
부평구정신건강증진센터	032 – 330 – 5602
연수구정신건강복지센터	032 – 749 – 8171~7
인천남구정신건강복지센터	032 – 421 – 4045~6
인천남동구정신건강복지센터	032 – 465 – 6412
인천동구정신건강복지센터	032 – 765 – 3690~1
인천서구정신건강증진센터	032 – 560 – 5006, 5039
인천중구정신건강증진센터	032 – 760 – 6090
– 충남	
계룡시정신건강복지센터	042 – 840 – 3584/ 3570
공주시정신건강복지센터	041 – 852 – 1094
금산군정신건강복지센터	041 – 751 – 4721
논산시정신건강복지센터	041 – 746 – 8073/ 4076
당진시정신건강복지센터	041 – 352 – 4071
보령시보건소정신건강복지센터	042 – 930 – 4184
부여군보건소정신건강복지센터	041 – 830 – 2502
서산시정신건강복지센터	041 – 661 – 6592
서천군정신건강복지센터	041 – 950 – 6733
아산시정신건강복지센터	041 – 537 – 4353
예산군정신건강복지센터	041 – 339 – 8029
천안시정신건강복지센터 (동남구)	041 – 521 – 2664
천안시정신건강복지센터 (서북구)	041 – 571 – 0199

기관명	연락처
청양군보건의료원 정신건강 복지센터	041－940－4546
태안군보건의료원 정신건강 복지센터	041－671－5398
홍성군정신건강복지센터	041－630－9076 / 보건소－9057
－ 충북	
괴산군정신건강증진센터	043－832－0330
단양군정신건강복지센터	043－420－3245
보은군정신건강복지센터	043－544－6991
영동군정신건강복지센터	043－740－5613/ 5624
옥천군정신건강복지센터	043－730－2195
음성군정신건강증진센터	043－872－1883~4, 043－878－1882
제천시정신건강복지센터	043－646－3074~5
증평군정신건강증진센터	043－835－4277
진천군정신건강증진센터	043－536－8387
청주시상당정신건강복지센터	043－201－3122~9
청주시서원정신건강복지센터	043－291－0199
청주시흥덕정신건강복지센터	043－234－8686
청주시청원정신건강복지센터	043－215－6868
충주시정신건강복지센터	043－855－4006
－ 세종	
세종시정신건강복지센터	044－861－8521
－ 대전	
대덕구정신건강복지센터	042－931－1671
동구정신건강복지센터(대전)	042－673－4619
서구정신건강증진센터(대전)	042－488－9748
유성구정신건강증진센터	042－825－3527
중구정신건강증진센터(대전)	042－257－9930
－ 경남	
거제시보건소 정신건강복지 센터	055－639－6119
거창군정신건강증진센터	055－940－8344/ 8384

기관명	연락처
고성군보건소정신건강복지 센터	055－670－4057~8
김해시정신건강복지센터	070－4632－2900
남해군보건소 정신건강복지 센터	055－860－8701
밀양시정신건강복지센터	055－359－7081
사천시보건소 정신건강복지 센터	055－831－2795/ 3575
산청군정신건강복지센터	055－970－7553
양산시정신건강복지센터	055－367－2255
의령군보건소/의령군정신 건강증진센터	055－570－4093/ 4023
진주시보건소정신건강증진 센터	055－749－4575/ 5774
창녕군정신건강복지센터	055－530－6225
창원시 마산정신건강복지센터	055－225－6031
창원시 진해정신건강복지센터	055－225－6691
창원시 창원정신건강복지센터	055－287－1223
통영시정신건강복지센터	055－650－6122/ 6153
하동군정신건강복지센터	055－880－6670
함안군보건소 정신건강복지 센터	055－580－3201/ 3131
함양군보건소 정신건강복지 센터	055－960－5358/ 4685
합천군 보건소 정신건강복지 센터	055－930－4835/ 3720
－ 경북	
경산시정신건강복지센터	053－816－7190
경주시정신건강복지센터	054－777－1577
구미시정신건강복지센터	054－480－4047
김천시정신건강복지센터	054－433－4005
문경시정신건강증진센터	054－554－0802
봉화군정신건강복지센터	054－679－1126
상주시정신건강복지센터	054－536－0668
성주군정신건강복지센터	054－930－8112

기관명	연락처
안동시정신건강복지센터	054 - 842 - 9933
영덕군정신건강복지센터	054 - 730 - 7161~4
영주시 정신건강복지센터	054 - 639 - 5978
영천시정신건강증진센터	054 - 331 - 6770
칠곡군정신건강복지센터	054 - 973 - 2024
포항시남구정신건강복지센터	054 - 270 - 4073/ 4091
포항시북구정신건강증진센터	054 - 270 - 4193~8
- 대구	
남구정신건강증진센터(대구)	053 - 628 - 5863
달서구정신건강복지센터	053 - 637 - 7851
달성군정신건강증진센터	053 - 643 - 0199
동구정신건강복지센터(대구)	053 - 983 - 8340,2
북구정신건강복지센터(대구)	053 - 353 - 3631
서구정신건강증진센터(대구)	053 - 564 - 2595
수성구정신건강증진센터	053 - 756 - 5860
중구정신건강복지센터(대구)	053 - 256 - 2900
- 전남	
강진군정신건강복지센터	061 - 430 - 3542/ 3560
고흥군정신건강복지센터	061 - 830 - 6636/ 6673
광양시정신건강증진센터	061 - 797 - 3778
곡성군정신건강복지센터	061 - 363 - 9917
구례군정신건강복지센터	061 - 780 - 2023/ 2047
나주시정신건강증진센터	061 - 333 - 6200
담양군보건소/담양군정신 건강복지센터	061 - 380 - 3995
목포시정신건강복지센터	061 - 276 - 0199
무안정신건강복지센터	061 - 450 - 5032
보성군정신건강증진센터	061 - 853 - 5500
순천시정신건강복지센터	061 - 749 - 6884/ 6928
여수시정신건강복지센터	061 - 659 - 4255/ 4289

기관명	연락처
영광군 정신건강복지센터	061 - 350 - 5666, 061 - 353 - 9401
완도군정신건강증진센터	061 - 550 - 6742/ 6745
장성군정신건강증진센터	061 - 390 - 8373/ 395 - 0199
장흥군정신건강복지센터	061 - 860 - 0549/ 0541
진도군정신건강복지센터	061 - 540 - 6058
함평군정신건강복지센터	061 - 320 - 2428/ 2512
해남군정신건강복지센터	061 - 531 - 3763/ 3767
화순군정신건강복지센터	061 - 379 - 5305
- 전북	
고창군 정신건강증진센터	063 - 563 - 8738
군산시정신건강증진센터	063 - 445 - 9191
김제시정신건강복지센터	063 - 542 - 1350
남원시정신건강복지센터	063 - 635 - 4122
부안군정신건강증진센터	063 - 581 - 5831
완주군정신건강복지센터	063 - 262 - 3066
익산시정신건강증진센터	063 - 841 - 4235
전주시정신건강증진센터	063 - 273 - 6995~6
정읍시정신건강증진센터	063 - 535 - 2101
진안군 정신건강증진센터	063 - 432 - 8529
무주군정신건강복지센터	063 - 320 - 8232
- 광주	
광산구정신건강증진센터	062 - 941 - 8567
광주남구정신건강증진센터	062 - 676 - 8236
광주동구정신건강증진센터	062 - 233 - 0468
광주북구정신건강증진센터 (본소)	062 - 267 - 5510
광주북구정신건강복지센터 (분소)	062 - 267 - 4800
광주서구정신건강증진센터	062 - 350 - 4195

기관명	연락처
ｰ 강원도	
강릉시정신건강복지센터	033 - 651 - 9668
고성군정신건강복지센터 (강원)	033 - 682 - 4020
동해시정신건강복지센터	033 - 533 - 0197
삼척시정신건강복지센터	033 - 574 - 0190
속초시정신건강복지센터	033 - 633 - 4088
양구군정신건강복지센터	033 - 480 - 2789
양양군정신건강증진센터	033 - 673 - 0197, 0199
영월군정신건강복지센터	033 - 374 - 0199
원주시정신건강복지센터	033 - 746 - 0198
인제군보건소 정신건강복지센터	033 - 460 - 2245, 033 - 461 - 7427
정선군보건소 정신건강복지센터	033 - 560 - 2896
철원군보건소 철원군정신건강증진센터	033 - 450 - 5104
춘천시정신건강복지센터	033 - 241 - 4256
태백시정신건강복지센터	033 - 554 - 1278
평창군보건의료원 정신건강복지센터	033 - 330 - 4872
홍천군정신건강증진센터	033 - 430 - 4035
화천군보건소 정신건강복지센터	033 - 441 - 4000
횡성군정신건강증진센터	033 - 345 - 9901
ｰ 울산	
울산울주군정신건강복지센터	052 - 262 - 1148
울산남구정신건강복지센터	052 - 227 - 1116
울산동구정신건강복지센터	052 - 233 - 1040
울산북구정신건강복지센터	052 - 288 - 0043
울산중구정신건강증진센터	052 - 292 - 2900
ｰ 부산	
강서구정신건강증진센터 (부산)	051 - 970 - 3417
금정구정신건강증진센터	051 - 518 - 8700

기관명	연락처
기장군정신건강증진센터	051 - 727 - 5386
남구정신건강증진센터(부산)	051 - 626 - 4660,1
동구정신건강복지센터(부산)	051 - 911 - 4600
동래구정신건강복지센터	051 - 507 - 7306~7
북구정신건강복지센터(부산)	051 - 334 - 3200
사상구정신건강증진센터	051 - 314 - 4101
사하구정신건강복지센터	051 - 265 - 0512
서구정신건강증진센터(부산)	051 - 256 - 1983
수영구정신건강증진센터	051 - 714 - 5681
연제구정신건강복지센터	051 - 861 - 1914
영도구정신건강복지센터	051 - 404 - 3379
중구정신건강복지센터(부산)	051 - 257 - 7057
진구정신건강증진센터	051 - 638 - 2662
해운대구정신건강복지센터	051 - 741 - 3567
ｰ 제주	
서귀포시정신건강복지센터	064 - 760 - 6553
제주시정신건강증진센터	064 - 728 - 4075
〈지방 보건소〉 ｰ 전남	
신안군 보건소	061 - 240 - 8095
영암군 보건소	061 - 470 - 6539
ｰ 전북	
순창군보건의료원	063 - 650 - 5247
임실군보건의료원	063 - 640 - 3144
장수군보건의료원	063 - 350 - 3162
ｰ 경북	
고령군보건소	054 - 954 - 1300
청도군 보건소	054 - 370 - 6296
군위군 보건소	054 - 383 - 4000
예천군 보건소	054 - 650 - 8033
영양군 보건소	054 - 680 - 5132
울릉군보건의료원	054 - 790 - 6871
의성군 보건소	054 - 830 - 6684
청송군 보건의료원	054 - 870 - 7200

자살 관련 기관

기관명	연락처	기관명	연락처
한국자살예방협회	02-413-0892-3	성북구자살예방센터	02-916-9118
한마음한몸자살예방센터	02-318-3079	－ 경기	
사랑의전화상담센터	02-3272-4242	가평군자살예방센터	031-581-8872
불교상담개발원(자비의전화)	02-737-7378	광명시자살예방센터	02-2618-8255
(사)생명존중교육협의회	02-904-6647	성남시정신건강증진센터 부설 성남	031-754-3220
기독교자살예방센터	070-8749-2114	수원시자살예방센터	031-247-3279
중앙자살예방센터	02-2203-0053	시흥시자살예방센터	031-316-6664
〈생명의 전화〉		안산시자살예방센터	031-418-0123
한국생명의전화	02-763-9195	여주시자살예방센터	031-886-3435
서서울생명의전화	02-2649-9233	양평군자살예방센터부설양평군자	031-770-3532, 26
수원생명의전화	031-237-3120	용인시자살예방센터	070-4457-9373
안양생명의전화	031-383-9114	이천시자살예방센터	031-637-2330
고양생명의전화	031-901-1391	의정부시정신건강복지센터 부설	031-828-4547
부천생명의전화	032-325-2322	화성시자살예방센터	031-369-2892
충주생명의전화	043-842-9191	－ 인천	
광주생명의전화	062-232-9192	인천남구자살예방센터	032-421-4047
전주생명의전화	063-286-9192	－ 충남	
대구생명의전화	053-475-9193	천안시자살예방센터	041-571-0199
포항생명의전화	054-252-9177	－ 전북	
울산생명의전화	052-265-5570	남원시자살예방센터	063-635-4122
부산생명의전화	051-807-9195	－ 강원	
제주생명의전화	064-744-9190	강릉시정신건강복지센터부설 강릉	033-651-9668
〈광역자살예방센터〉		원주시정신건강복지센터부설 원주	033-746-0198
서울시자살예방센터	02-3458-1000	홍천군정신건강복지센터부설 홍천	033-435-7482
경기도자살예방센터	031-212-0437		
인천광역시자살예방센터	032-468-9911	－ 울산	
대구광역자살예방센터	053-256-0199	울산남구자살예방센터	052-227-1116
광주광역자살예방센터	062-600-1930	울산동구자살예방센터	052-233-1040
강원도자살예방센터	033-251-1970	울산북구자살예방센터	052-288-0043
부산광역자살예방센터	051-242-2575	울산중구자살예방센터	052-292-2900
〈지역자살예방센터〉 － 서울			
성동구자살예방센터	02-2298-7119		

여성 관련 기관

기관명	연락처
〈여성 긴급전화 1366〉	
중앙센터	1366
서울	02-1366
경기	031-1366
경기북부	031-1366
인천	032-1366
충북	043-1366
충남	041-1366
대전	042-1366
전북	063-1366
전남	061-1366
광주	062-1366
경북	054-1366
경남	055-1366
대구	053-1366
강원	033-1366
울산	052-1366
부산	051-1366
제주	064-1366
〈여성 관련 전문 기관〉	
(사)한국여성상담센터	02-953-1704
(사)한국여성장애인연합	02-3675-9935, 02-766-9935
〈한국 여성의 전화〉	
서울강서양천여성의전화	02-2605-8466
김포여성의전화	가정폭력상담: 031-986-0136
광명여성의전화	가정폭력상담: 02-2060-2545 이메일상담: kmwhl@hanmail.net
성남여성의전화	가정폭력상담: 031-751-6677 성폭력상담: 031-751-1120 이메일상담: snwhl@naver.com
수원여성의전화	가정폭력상담: 031-232-6888

기관명	연락처
	성폭력상담: 031-224-6888 성매매상담: 031-222-0122 청소년열린터: 031-253-8298
시흥여성의전화	여성폭력상담: 031-496-9393 가정폭력상담: 031-496-9494 이메일상담: shwhl@jinbo.ne
안양여성의전화	가정폭력상담: 031-468-1366 성폭력상담: 031-466-1366
부천여성의전화	상담: 032-328-9711
강릉여성의전화	상담: 033-643-1982, 033-643-1985 이메일상담: gw1985@hanmail.net
군산여성의전화	상담: 063-445-2285
익산여성의전화	상담: 063-858-9191 이메일상담: iswhl@hanmail.net
전주여성의전화	상담: 063-283-9855, 063-282-1366
영광여성의전화	상담: 061-352-1321
청주여성의전화	여성폭력상담: 043-252-0966, 043-252-0968
천안여성의전화	여성폭력상담: 041-561-0303
창원여성의전화	여성폭력상담: 055-267-1366, 055-283-8322
진해여성의전화	상담: 055-546-8322, 055-546-0036 참살이: 055-546-1409 이메일상담: jhwhl01@hanmail.net
광주여성의전화	일반상담: 062-363-0442~3 가정폭력상담: 062-363-0485 성폭력상담: 062-363-0487 성매매상담: 062-384-8297
대구여성의전화	가정폭력상담: 053-471-6482 성폭력상담: 053-471-6483 이메일상담: esco10@hananet.net
울산여성의전화	여성주의상담: 052-244-1555

기관명	연락처
부산여성의전화	가정폭력상담: 051-817-6464 성폭력상담: 051-817-6474
〈한국여성민우회〉	
한국여성민우회	02-737-5763
한국여성민우회 (성폭력 상담)	02-335-1858
한국여성민우회 (여성연예인인권 지원)	02-736-1366
서울남서여성민 우회	02-2643-1253
서울동북여성민 우회	02-3492-7141
고양파주여성민 우회	031-907-1003
군포여성민우회	031-396-0201
인천여성민우회	032-525-2219
광주여성민우회	062-529-0383
진주여성민우회	055-743-0410
원주여성민우회	033-732-4116
춘천여성민우회	033-255-5557

아동 관련 기관

기관명	연락처
중앙아동보호전문기관	02 – 558 – 1391
〈지역아동센터〉	
한국지역아동센터연합회	1544 – 4196
지역아동센터중앙지원단	02 – 365 – 1264, 02 – 581 – 1264
서울지원단	02 – 2632 – 3125
인천지원단	032 – 425 – 7327 – 8
경기북부지원단	031 – 595 – 7859/7869
경기남부지원단	031 – 236 – 2729
충북지원단	043 – 287 – 9095
충남지원단	041 – 557 – 2729
대전지원단	042 – 226 – 2729
강원지원단	033 – 255 – 1008,9
전북지원단	063 – 274 – 5479
전남지원단	061 – 272 – 7951~2
광주지원단	062 – 522 – 9976, 062 – 521 – 9975
경북지원단	054 – 463 – 7275~6
울산지원단	052 – 221 – 2729
경남지원단	055 – 252 – 1379
대구지원단	053 – 476 – 1613
부산지원단	051 – 440 – 3020~1
제주지원단	064 – 756 – 5579
〈아동보호전문기관〉 – 서울	
중앙아동보호전문기관	02 – 558 – 1391
노원구아동보호전문기관	02 – 974 – 1391
서울동남권아동보호전문기관	02 – 474 – 1391
서울특별시아동보호전문기관	02 – 2040 – 4242
서울특별시동부아동보호전문 기관	02 – 2247 – 1391
서울강서아동보호전문기관	02 – 3665 – 5183~5
서울은평아동보호전문기관	02 – 3157 – 1391
서울영등포아동보호전문기관	02 – 842 – 0094

기관명	연락처
서울성북아동보호전문기관	02 – 923 – 5440
서울마포아동보호전문기관	02 – 422 – 1391
– 경기	
수원아동보호전문기관	031 – 8009 – 0080
경기평택아동보호전문기관	031 – 652 – 1391
경기시흥아동보호전문기관	031 – 316 – 1391
경기용인아동보호전문기관	031 – 275 – 6177
안산시아동보호전문기관	031 – 402 – 0442
경기도아동보호전문기관	031 – 245 – 2448
경기북부아동보호전문기관	031 – 874 – 9100
경기성남아동보호전문기관	031 – 756 – 1391
경기고양아동보호전문기관	031 – 966 – 1391
경기부천아동보호전문기관	032 – 662 – 2580
경기화성아동보호전문기관	031 – 227 – 1310
경기남양주아동보호전문기관	031 – 592 – 9818
– 인천	
인천남부아동보호전문기관	032 – 424 – 1391
인천광역시아동보호전문기관	032 – 434 – 1391
인천북부아동보호전문기관	032 – 515 – 1391
– 충청북도	
충청북도아동보호전문기관	043 – 216 – 1391
충북북부아동보호전문기관	043 – 645 – 9078
충북남부아동보호전문기관	043 – 731 – 3686
– 충청남도	
충청남도서부아동보호전문 기관	041 – 635 – 1106
충청남도아동보호전문기관	041 – 578 – 2655
충청남도남부아동보호전문 기관	041 – 734 – 6640~1
– 대전	
대전광역시아동보호전문기관	042 – 254 – 6790
– 세종시	
세종시아동보호전문기관	044 – 864 – 1393

기관명	연락처
― 전라북도	
전라북도아동보호전문기관	063 ― 283 ― 1391
전라북도서부아동보호전문기관	063 ― 852 ― 1391
전라북도서부아동보호전문기관 군산분소	063 ― 734 ― 1391
전라북도동부아동보호전문기관	063 ― 635 ― 1391~3
― 전라남도	
전남중부권아동보호전문기관	061 ― 332 ― 1391
전라남도아동보호전문기관	061 ― 753 ― 5125
전남서부권아동보호전문기관	061 ― 285 ― 1391
전남서부권아동보호전문기관 분사무소	061 ― 284 ― 1391
― 광주	
빛고을아동보호전문기관	062 ― 675 ― 1391
광주광역시아동보호전문기관	062 ― 385 ― 1391
― 경상북도	
경북남부아동보호전문기관	054 ― 745 ― 1391
경북북부아동보호전문기관	054 ― 853 ― 0237~8
경북동부아동보호전문기관	054 ― 284 ― 1391
경북서부아동보호전문기관	054 ― 455 ― 1391
― 경상남도	
김해시아동보호전문기관	055 ― 322 ― 1391
경상남도아동보호전문기관	055 ― 244 ― 1391
경상남도아동보호전문기관 양산사무소	055 ― 367 ― 1391
경남서부아동보호전문기관	055 ― 757 ― 1391
― 대구	
대구광역시북부아동보호전문기관	053 ― 710 ― 1391
대구광역시남부아동보호전문기관	053 ― 623 ― 1391
대구광역시아동보호전문기관	053 ― 422 ― 1391
― 강원	
강원남부아동보호전문기관	033 ― 535 ― 5391

기관명	연락처
강원도아동보호전문기관	033 ― 244 ― 1391
강원동부아동보호전문기관	033 ― 644 ― 1391
강원서부아동보호전문기관	033 ― 766 ― 1391
― 울산	
울산남부아동보호전문기관	052 ― 256 ― 1391
울산광역시아동보호전문기관	052 ― 245 ― 9382
― 부산	
부산남부아동보호전문기관	051 ― 791 ― 1360
부산서부아동보호전문기관	051 ― 711 ― 1391
부산광역시아동보호전문기관	051 ― 791 ― 1391
부산동부아동보호전문기관	051 ― 715 ― 1391
― 제주	
제주특별자치도아동보호전문기관	064 ― 712 ― 1391~2
서귀포시아동보호전문기관	064 ― 732 ― 1391
〈아동학대예방센터〉	
서울특별시아동학대예방센터	02 ― 2040 ― 4242
서울동부아동학대예방센터	02 ― 2247 ― 1391
서울강서아동학대예방센터	02 ― 3665 ― 5184
서울은평아동학대예방센터	02 ― 3157 ― 1391
서울영등포아동학대예방센터	02 ― 842 ― 0094
서울성북아동학대예방센터	02 ― 923 ― 5440
서울마포아동학대예방센터	02 ― 422 ― 1391
서울동남권아동학대예방센터	02 ― 474 ― 1391
〈아동학대예방협회_민간단체〉 ― 서울	
서울시 강동구 지회	010 ― 7169 ― 7851
서울시 강서구 지회	010 ― 5239 ― 7334
서울시 강북구 지회	011 ― 790 ― 7707
서울시 구로구 지회	010 ― 6747 ― 0101
서울시 관악구 지회	02 ― 884 ― 2795, 010 ― 6265 ― 2745
서울 강북구 수유 지회	010 ― 5001 ― 7299
서울시 금천구 지회	010 ― 3207 ― 7932
서울시 노원구 지회	010 ― 5084 ― 8425

기관명	연락처
서울시 동대문구 이문지회	010－7302－1122
서울시 동대문구 지회	010－2322－5258
서울시 동작구 지회	010－3780－5874, 02－826－4916
서울시 동작구 상도 지회	010－8728－1366
서울시 서대문구 지회	010－5313－0655
서울시 송파구 지회	010－5280－1497
서울시 양천구 지회	010－8745－3644
서울시 영등포구 지회	010－6656－8309
서울시 용산구 지회	010－3383－7413
서울시 서초구 지회	02－599－6009, 010－4728－5591
서울시 성북구 지회	02－599－6009, 010－4728－5591
서울시 성동구 지회	02－2297－1896, 010－9377－1896
서울시 중랑구 지회	010－3288－3010
서울시 강남구 지회	010－2848－1215
－ 인천	
인천광역시 중구 지부	010－3225－8938
－ 경기도	
경기도 지부	031－654－7797, 010－9475－7787
경기도 고양시 지회	010－8280－0699
경기도 광명시 지회	010－8327－9819
경기도 일산시 서구 지회	010－2571－0192
경기도 이천시 지회	02－2201－6501, 010－2555－7111
경기도 안양시 지회	010－7316－1569
경기도 안산시 지회	010－2055－1569
경기도 용인시 지회	031－282－2221, 010－8921－2526
경기도 수원시 지회	010－6280－8596
경기도 수원시 권선구 지회	031－237－1515, 010－2004－8281
경기도 수원시 영통구 지회	031－216－1159

기관명	연락처
경기도 수원시 장안구 지회	010－9282－9892
경기도 수원시 팔달구 지회	010－5350－7919
경기도 성남시 지회	031－781－2611
경기도 오산시 지회	010－6727－4447
경기도 부천시 지회	010－8744－4957
경기도 평택시 비전 지회	010－3337－3044
경기도 성남시 분당구 지회	010－8216－5777
경기도 화성시 지회	031－226－2004, 010－2599－7685
경기도 화성시 남부지회	031－221－1190, 010－2375－1190
경기도 화성시 서부지부	031－227－7268, 010－4023－7218
경기도 화성시 동부지회	010－2842－7656
경기도 화성 서남부지회	010－5006－9861
경기도 화성 북부지회	010－7477－5713
경기도 화성시 화성융건지회 지회장	010－3310－2075
－ 경상남도	
경상남도 함안 지회	055－582－7589, 010－3066－7099
－ 경상북도	
경상북도 지부	054－532－1473
－ 전라북도	
전북지회	010－4001－1010
－ 전라남도	
전라남도 광주시 남구 지회	010－2214－4800
－ 충청남도	
충청남도 지부	041－545－6521, 010－5451－6522
충청남도 보령시 지회	041－935－0160
충청남도 예산시 지회	041－335－1961, 010－2519－8474
충청남도 태안군 지부	010－9699－7179

기관명	연락처
− 강원도	
강원도 지부	033 − 255 − 1387 010 − 9589 − 8079
− 울산	
울산광역시 울산 지부	010 − 2562 − 1455
울산광역시 울주군 지회	010 − 9311 − 4830
m− 제주	
제주특별자치도 지부	064 − 725 − 1200, 010 − 3751 − 2864

청소년 관련 기관

기관명	연락처	기관명	연락처
에듀넷 도란도란 학교폭력예방	117	서울중랑구청소년상담복지센터	02－496－1895
청소년 사이버상담센터	1388	부산광역시청소년상담복지센터	051－804－5001 ～2
청예단 학교폭력SOS지원단	02－598－1640	부산금정구청소년상담복지센터	051－581－2084
탁틴내일(아동청소년성폭력 상담소)	02－3141－6191	부산기장군청소년상담복지센터	051－792－4880
		부산남구청소년상담복지센터	051－621－1389
〈청소년상담복지센터〉		부산동래구청소년상담복지센터	051－555－1387
서울특별시청소년상담복지센터	02－2285－1318	부산북구청소년상담복지센터	051－343－1388
서울강남구청소년상담복지센터	02－2226－8555	부산사하구청소년상담복지센터	051－207－7169
서울강동구청소년상담복지센터	070－8819－1388	부산서구청소년상담복지센터	051－714－3013
서울강북구청소년상담복지센터	02－6715－6661	부산수영구청소년상담복지센터	051－759－8413
서울강서구청소년상담복지센터	02－2061－8998	부산영도구청소년상담복지센터	051－405－5605
서울관악구청소년상담복지센터	02－872－1318	부산진구청소년상담복지센터	051－868－0956
서울광진구청소년상담복지센터	02－2205－2300	부산해운대구청소년상담복지센터	051－731－4046
서울구로구청소년상담복지센터	02－852－1319	사상구청소년상담복지센터	051－327－1388
서울금천구청소년상담복지센터	02－803－1873	대구광역시청소년상담복지센터	053－659－6240
서울노원구청소년상담복지센터	02－2091－1387	대구남구청소년상담복지센터	053－624－0996
서울도봉구청소년상담복지센터	02－950－9641	대구달서구청소년상담복지센터	053－638－1388
서울동대문구청소년상담복지센터	02－2236－1377	대구달성군청소년상담복지센터	053－614－1388
서울동작구청소년상담복지센터	02－845－1388	대구동구청소년상담복지센터	053－984－1319
서울마포구청소년상담복지센터	02－3153－5982	대구북구청소년상담복지센터	053－324－7388
서울서대문구청소년상담복지센터	02－3141－1318	대구서구청소년상담복지센터	053－562－1388
서울서초구청소년상담복지센터	02－586－9128	대구수성구청소년상담복지센터	053－759－1388
서울성동구청소년상담복지센터	02－2299－1388	대구중구청소년상담복지센터	053－423－1377
서울성북구청소년상담복지센터	02－3292－1779	인천광역시청소년상담복지센터	032－429－0394
서울송파구청소년상담복지센터	02－449－7173	인천계양구청소년상담복지센터	032－547－0855
서울양천구청소년상담복지센터	02－2646－8341	인천남동구청소년상담복지센터	032－469－7197
서울영등포구청소년상담복지센터	02－2676－6114	인천동구청소년상담복지센터	032－777－1388
서울용산구청소년상담복지센터	02－716－1318	인천미추홀구청소년상담복지센터	032－862－8751
서울은평구청소년상담복지센터	02－384－1318	인천부평구청소년상담복지센터	032－509－8916
서울종로구청소년상담복지센터	02－762－1318	인천서구청소년상담복지센터	032－584－1388
		인천연수구청소년상담복지센터	032－818－0358

기관명	연락처
인천중구청소년상담복지센터	032 – 773 – 1317
광주광역시청소년상담복지센터	062 – 226 – 8181
광주광산구청소년상담복지센터	062 – 943 – 1388
광주남구청소년상담복지센터	062 – 675 – 1388
광주동구청소년상담복지센터	062 – 229 – 3308
광주북구청소년상담복지센터	062 – 251 – 1388
광주서구청소년상담복지센터	062 – 375 – 1388
대전광역시청소년상담복지센터	042 – 257 – 6577
대전서구청소년상담복지센터	042 – 527 – 1112 ~3
대전유성구청소년상담복지센터	042 – 824 – 3454
경기도청소년상담복지센터	031 – 248 – 1318
가평군청소년상담복지센터	031 – 581 – 0397
고양시청소년상담복지센터	031 – 979 – 1318
과천시청소년상담복지센터	02 – 504 – 1388
광명시립청소년상담복지센터	02 – 809 – 2000
광주시청소년상담복지센터	031 – 760 – 2219
구리시청소년상담복지센터	031 – 557 – 2000
군포시청소년상담복지센터	031 – 397 – 1388
김포시청소년상담복지센터	031 – 984 – 1388
남양주시청소년상담복지센터 (본소)	031 – 590 – 8097 ~8, 031 – 590 – 8971 ~2
남양주시청소년상담복지센터 (동부분소)	031 – 590 – 8403, 8404
남양주시청소년상담복지센터 (북부분소)	031 – 590 – 8979, 8980
동두천시청소년상담복지센터	031 – 861 – 1388
부천시청소년상담복지센터 (본소)	032 – 325 – 3002
부천시청소년상담복지센터 (분소_소사센터)	032 – 325 – 3002
부천시청소년상담복지센터 (오정분소)	032 – 325 – 3002
성남시청소년상담복지센터	031 – 756 – 1388

기관명	연락처
수원시청소년상담복지센터(팔달)	031 – 218 – 0446
수원시청소년상담복지센터(장안)	031 – 242 – 1318
수원시청소년상담복지센터(영통)	031 – 215 – 1318
수원시청소년상담복지센터(권선)	031 – 236 – 1318
수원시청소년상담복지센터(광교)	031 – 216 – 8354
수원시청소년상담복지센티(칠보)	031 – 278 – 6862
시흥시청소년상담복지센터	031 – 318 – 7100
안산시청소년상담복지센터	031 – 414 – 1318
안성시청소년상담복지센터	031 – 676 – 1318
안양시청소년상담복지센터	031 – 446 – 0242
양주시청소년상담복지센터	031 – 858 – 1318
양평군청소년상담복지센터	031 – 775 – 1318
여주시청소년상담복지센터	031 – 882 – 8889
연천군청소년상담복지센터	031 – 832 – 4452
오산시청소년상담복지센터	031 – 372 – 4004
용인시청소년상담복지센터	031 – 324 – 9300
의왕시청소년상담복지센터	031 – 452 – 1388
의정부시청소년상담복지센터 (본소)	031 – 873 – 1388
의정부시청소년상담복지센터 (호원분소)	031 – 873 – 1388
이천시청소년상담복지센터	031 – 632 – 7099
파주시청소년상담복지센터	031 – 946 – 0022
평택시청소년상담복지센터	031 – 656 – 1383
포천시청소년상담복지센터 (본소)	031 – 533 – 1318
포천시청소년상담복지센터(포천 분소)	031 – 536 – 1388
하남시청소년상담복지센터	031 – 790 – 6680
화성시청소년상담복지센터 (본소)	031 – 225 – 1318, 031 – 225 – 0924
화성시청소년상담복지센터 (향남분소)	031 – 225 – 1318, 031 – 225 – 0924
강원도청소년상담복지센터	033 – 256 – 9803, 033 – 256 – 9804
강릉시청소년상담복지센터	033 – 646 – 7942

기관명	연락처	기관명	연락처
동해시청소년상담복지센터	033 – 535 – 1388	천안시청소년상담복지센터	041 – 622 – 1388
속초시청소년상담복지센터	033 – 638 – 1388	청양군청소년상담복지센터	041 – 942 – 9596
영월군청소년상담복지센터	033 – 375 – 1318	태안군청소년상담복지센터	041 – 674 – 2800
원주시청소년상담복지센터	033 – 744 – 1388	홍성군청소년상담복지센터	041 – 634 – 4858
정선군청소년상담복지센터	033 – 591 – 1313	전라북도청소년상담복지센터	063 – 276 – 6291
철원군청소년상담복지센터	033 – 452 – 2000	고창군청소년상담복지센터	063 – 563 – 6792
춘천시청소년상담복지센터	033 – 818 – 1388	군산시청소년상담복지센터	063 – 466 – 1388
태백시청소년상담복지센터	033 – 582 – 1377	김제시청소년상담복지센터	063 – 544 – 1377
홍천군청소년상담복지센터	033 – 433 – 1386	남원시청소년상담복지센터	063 – 635 – 1388
횡성군청소년상담복지센터	033 – 344 – 1388	무주군청소년상담복지센터	063 – 323 – 7717
충청북도청소년상담복지센터	043 – 258 – 2000	부안군청소년상담복지센터	063 – 583 – 8772
괴산군청소년상담복지센터	043 – 830 – 3826	순창군청소년상담복지센터	063 – 653 – 4646
단양군청소년상담복지센터	043 – 421 – 8370	완주군청소년상담복지센터	063 – 291 – 7373
보은군청소년상담복지센터	043 – 542 – 1388	익산시청소년상담복지센터	063 – 852 – 1388
서청주청소년상담복지센터	043 – 297 – 1388	임실군청소년상담복지센터	063 – 644 – 1388
영동군청소년상담복지센터	043 – 744 – 5700	장수군청소년상담복지센터	063 – 351 – 5161
옥천군청소년상담복지센터	043 – 731 – 1388	전주시청소년상담복지센터	063 – 236 – 1388
음성군청소년상담복지센터	043 – 873 – 1318	정읍시청소년상담복지센터	063 – 531 – 3000
제천시청소년상담복지센터	043 – 642 – 7949	진안군청소년상담복지센터	063 – 433 – 2377
증평군청소년상담복지센터	043 – 835 – 4188	전라남도청소년상담복지센터	061 – 280 – 9001
진천군청소년상담복지센터	043 – 536 – 3430	강진군청소년상담복지센터	061 – 432 – 1388
청주시청소년상담복지센터	043 – 275 – 1388	고흥군청소년상담복지센터	061 – 834 – 1317 ~8
충주시청소년상담복지센터	043 – 842 – 2007	곡성군청소년상담복지센터	061 – 363 – 9584
충청남도청소년상담복지센터	041 – 554 – 2130	광양시청소년상담복지센터	061 – 795 – 1388
계룡시청소년상담복지센터	042 – 551 – 1318	구례군청소년상담복지센터	061 – 782 – 0884
공주시청소년상담복지센터	041 – 856 – 1388	나주시청소년상담복지센터	061 – 334 – 1388
금산군청소년상담복지센터	041 – 751 – 2007	담양군청소년상담복지센터	061 – 381 – 1386
논산시청소년상담복지센터	041 – 736 – 2041	목포시청소년상담복지센터	061 – 272 – 2440
당진시청소년상담복지센터	041 – 357 – 2000	무안군청소년상담복지센터	061 – 454 – 5284
보령시청소년상담복지센터	041 – 936 – 5710	보성군청소년상담복지센터	061 – 853 – 1388
부여군청소년상담복지센터	041 – 836 – 1898	순천시청소년상담복지센터	061 – 745 – 1388
서산시청소년상담복지센터	041 – 669 – 2000	신안군청소년상담복지센터	061 – 240 – 8703
서천군청소년상담복지센터	041 – 953 – 4040	여수시청소년상담복지센터	061 – 663 – 2000
아산시청소년상담복지센터	041 – 532 – 2000	영광군청소년상담복지센터	061 – 353 – 1388
예산군청소년상담복지센터	041 – 335 – 1388		

기관명	연락처
영암군청소년상담복지센터	061 – 471 – 8375
완도군청소년상담복지센터	061 – 554 – 1318
장성군청소년상담복지센터	061 – 817 – 1388
장흥군청소년상담복지센터	061 – 863 – 1318
진도군청소년상담복지센터	061 – 544 – 5122
함평군청소년상담복지센터	061 – 323 – 1324
해남군청소년상담복지센터	061 – 537 – 1388
화순군청소년상담복지센터	061 – 375 – 7442
경상북도청소년상담복지센터	054 – 1388
경산시청소년상담복지센터	053 – 812 – 1318
경주시청소년상담복지센터	054 – 742 – 1388
고령군청소년상담복지센터	054 – 956 – 1383
구미시청소년상담복지센터	054 – 443 – 1387
군위군청소년상담복지센터	054 – 382 – 1388
김천시청소년상담복지센터	054 – 435 – 1388
문경시청소년상담복지센터	054 – 556 – 1389
봉화군청소년상담복지센터	054 – 674 – 1388
상주시청소년상담복지센터	054 – 535 – 3511
성주군청소년상담복지센터	054 – 931 – 1398
안동시청소년상담복지센터	054 – 859 – 1318
영덕군청소년상담복지센터	054 – 732 – 1318
영주시청소년상담복지센터	054 – 634 – 1318
영천시청소년상담복지센터	054 – 338 – 1388
예천군청소년상담복지센터	054 – 654 – 9901
울진군청소년상담복지센터	054 – 781 – 0079
의성군청소년상담복지센터	054 – 834 – 7933
청도군청소년상담복지센터	054 – 373 – 1610
청송군청소년상담복지센터	054 – 872 – 7626
칠곡군청소년상담복지센터	054 – 971 – 0418
포항시청소년상담복지센터	054 – 252 – 0020
경상남도청소년지원재단	055 – 711 – 1388
거제시청소년상담복지센터	055 – 636 – 2000
거창군청소년상담복지센터	055 – 941 – 2000
고성군청소년상담복지센터	055 – 673 – 6882
김해시청소년상담복지센터(본소)	055 – 325 – 2000

기관명	연락처
김해시청소년상담복지센터 (서부)	055 – 330 – 7920
남해군청소년상담복지센터	055 – 863 – 5279
밀양시청소년상담복지센터	055 – 355 – 2000
사천시청소년상담복지센터	055 – 835 – 4199
산청군청소년상담복지센터	055 – 973 – 8423
양산시청소년상담복지센터(본소)	055 – 372 – 2000
양산시청소년상담복지센터(웅상 분소)	055 – 367 – 1318
의령군청소년상담복지센터	055 – 570 – 2427
진주시청소년상담복지센터	055 – 744 – 2000
창녕군청소년상담복지센터	055 – 532 – 2000
창원시마산청소년상담복지센터	055 – 245 – 7941, 055 – 245 – 7925
창원시진해청소년상담복지센터	055 – 551 – 2000
창원시창원청소년상담복지센터	055 – 273 – 2000
통영시청소년상담복지센터	055 – 644 – 2000
하동군청소년상담복지센터	055 – 883 – 3000
함안군청소년상담복지센터	055 – 583 – 0924
함양군청소년상담복지센터	055 – 963 – 7922
합천군청소년상담복지센터	055 – 932 – 5499
울산광역시청소년상담복지센터	052 – 1388
울산남구청소년상담복지센터	052 – 291 – 1388
울산동구청소년상담복지센터	052 – 233 – 5279
울산북구청소년상담복지센터	052 – 283 – 1388
울산울주군청소년상담복지센터	052 – 229 – 1388
세종특별자치시청소년상담복지 센터	044 – 867 – 2022
제주특별자치도청소년상담복 지센터	064 – 759 – 9951
서귀포시청소년상담복지센터	064 – 763 – 9191
제주시청소년상담복지센터	064 – 725 – 7999
〈Wee센터〉 – 서울	
북부Wee센터	02 – 949 – 7887
서부Wee센터	02 – 390 – 5585

기관명	연락처
서울통합Wee센터	02 − 3999 − 505
성동광진Wee센터	02 − 2205 − 3633
성북강북Wee센터	02 − 917 − 7887
중부Wee센터	02 − 722 − 7887
학업중단예방Wee센터	02 − 3999 − 098
강남서초Wee센터	02 − 3444 − 7887
강동송파Wee센터	02 − 3431 − 7887
강서양천Wee센터	02 − 2665 − 7179
남부SOS통합Wee센터	02 − 864 − 8416
남부Wee센터	02 − 2677 − 7887
남부교육지원청 꿈세움Wee센터	02 − 2625 − 9128
동부Wee센터	02 − 2233 − 7883
동작관악Wee센터	02 − 884 − 7887
마음이랑 Wee센터	02 − 2297 − 7887
밝음이랑Wee센터	02 − 853 − 2460
− 경기	
가평교육지원청Wee센터	031 − 580 − 5174
고양교육지원청Wee센터	031 − 901 − 9173
광명교육지원청Wee센터	02 − 2610 − 1472
광주하남교육지원청Wee센터	031 − 760 − 4092
구리남양주교육지원청Wee센터	031 − 550 − 6132
군포의왕교육지원청Wee센터	031 − 390 − 1113
김포교육지원청Wee센터	031 − 985 − 3986
동두천양주교육지원청Wee센터	031 − 860 − 4354
부천교육지원청Wee센터	070 − 7099 − 2175
성남교육지원청Wee센터	031 − 780 − 2655
수원교육지원청Wee센터	031 − 246 − 0818
시흥교육지원청Wee센터	031 − 488 − 2417
안산교육지원청Wee센터	031 − 508 − 5805
안성교육지원청Wee센터	031 − 678 − 5285
안양과천교육지원청Wee센터	031 − 380 − 7070
양평교육지원청Wee센터	031 − 770 − 5284
여주교육지원청Wee센터	031 − 883 − 2795

기관명	연락처
연천교육지원청Wee센터	031 − 839 − 0129
용인교육지원청Wee센터	031 − 889 − 5890
의정부교육지원청Wee센터	031 − 820 − 0093
이천교육지원청Wee센터	031 − 639 − 5638
파주교육지원청Wee센터	070 − 4918 − 2422
평택교육지원청Wee센터	031 − 665 − 0806
포천교육지원청Wee센터	031 − 539 − 0026
화성오산교육지원청Wee센터	031 − 371 − 0658
− 인천	
강화교육지원청Wee센터	032 − 930 − 7820
남부교육지원청Wee센터	032 − 764 − 7179
동부교육지원청Wee센터	032 − 460 − 6371
북부교육지원청Wee센터	032 − 510 − 5467
서부교육지원청Wee센터	032 − 555 − 7179
인천광역시교육청Wee센터	032 − 432 − 7179
− 충남	
공주교육지원청Wee센터	041 − 850 − 2339
금산교육지원청Wee센터	041 − 750 − 8813
논산계룡교육지원청Wee센터	041 − 730 − 7146
당진교육지원청Wee센터	041 − 351 − 2534
보령교육지원청 Wee센터	041 − 930 − 6380
부여교육지원청Wee센터	041 − 830 − 8290
서산교육지원청Wee센터	041 − 660 − 0347
서천교육지원청Wee센터	041 − 951 − 9435
아산교육지원청Wee센터	041 − 539 − 2480
예산교육지원청Wee센터	041 − 330 − 3671
천안교육지원청Wee센터	041 − 629 − 0401
청양교육지원청Wee센터	041 − 940 − 4490
태안교육지원청Wee센터	041 − 670 − 8252
홍성교육지원청Wee센터	041 − 630 − 5553
− 충북	
괴산증평교육지원청Wee센터	043 − 830 − 5079
단양교육지원청Wee센터	043 − 420 − 6121
보은교육지원청Wee센터	043 − 540 − 5556
영동교육지원청Wee센터	043 − 740 − 7725

기관명	연락처
옥천교육지원청Wee센터	043 – 731 – 5062
음성교육지원청Wee센터	043 – 872 – 3351
제천교육지원청Wee센터	043 – 653 – 0179
진천교육지원청Wee센터	043 – 530 – 5361
청주교육지원청Wee센터	043 – 270 – 5853
충주교육지원청Wee센터	043 – 845 – 0252
– 대전	
대전시교육청 Wee센터	042 – 480 – 7878
동부교육지원청Wee센터	042 – 229 – 1250
서부교육지원청Wee센터	042 – 530 – 1004
– 전남	
강진교육지원청Wee센터	061 – 430 – 1533
고흥교육지원청Wee센터	061 – 830 – 2074
곡성교육지원청Wee센터	061 – 362 – 3994
광양교육지원청Wee센터	061 – 762 – 2821
구례교육지원청Wee센터	061 – 780 – 6690
나주교육지원청Wee센터	061 – 337 – 7179
담양교육지원청Wee센터	061 – 383 – 7179
목포교육지원청Wee센터	061 – 280 – 6624
무안교육지원청Wee센터	061 – 450 – 7025
보성교육지원청Wee센터	061 – 850 – 7125
순천교육지원청Wee센터	061 – 729 – 7779
신안교육지원청Wee센터	061 – 240 – 3690
여수교육지원청Wee센터	061 – 690 – 0833
영광교육지원청Wee센터	061 – 350 – 6645
영암교육지원청Wee센터	061 – 470 – 4135
완도교육지원청Wee센터	061 – 550 – 0575
장성교육지원청Wee센터	061 – 390 – 6195
장흥교육지원청Wee센터	061 – 860 – 1294
진도교육지원청Wee센터	061 – 540 – 5115
함평교육지원청Wee센터	061 – 320 – 6631
해남교육지원청Wee센터	061 – 530 – 1147
화순교육지원청Wee센터	061 – 370 – 7196
– 전북	
고창교육지원청Wee센터	063 – 560 – 1616

기관명	연락처
군산교육지원청Wee센터	063 – 450 – 2680
김제교육지원청Wee센터	063 – 540 – 2551
남원교육지원청Wee센터	063 – 635 – 8530
무주교육지원청Wee센터	063 – 324 – 3399
부안교육지원청Wee센터	063 – 580 – 7448
순창교육지원청Wee센터	063 – 650 – 6322
완주교육지원청Wee센터	063 – 270 – 7696
익산교육지원청 제1 Wee센터	063 – 850 – 8990
익산교육지원청 제2 Wee센터	063 – 852 – 4501
임실교육지원청Wee센터	063 – 640 – 3571
장수교육지원청Wee센터	063 – 350 – 5226
전주교육지원청덕진Wee센터	063 – 253 – 9214
전주교육지원청완산Wee센터	063 – 253 – 9523
정읍교육지원청Wee센터	063 – 530 – 3080
진안교육지원청Wee센터	063 – 430 – 6294
– 광주	
동부교육지원청Wee센터	062 – 605 – 5700
서부교육지원청Wee센터	062 – 600 – 9816
서부교육지원청광산Wee센터	062 – 974 – 0078
– 경남	
거제교육지원청Wee센터	055 – 636 – 9673
거창교육지원청Wee센터	055 – 940 – 6191
고성교육지원청Wee센터	055 – 673 – 3801
김해교육지원청Wee센터	070 – 8767 – 7571
남해교육지원청Wee센터	055 – 864 – 3653
밀양교육지원청Wee센터	055 – 350 – 1494
사천교육지원청Wee센터	055 – 830 – 1544
산청교육지원청Wee센터	055 – 970 – 3037
양산교육지원청Wee센터	055 – 379 – 3053
의령교육지원청Wee센터	055 – 570 – 7131
진주교육지원청Wee센터	055 – 740 – 2091
창녕교육지원청Wee센터	055 – 530 – 3505
창원교육지원청Wee센터	055 – 210 – 0461
통영교육지원청Wee센터	055 – 650 – 8025
하동교육지원청Wee센터	055 – 880 – 1952

기관명	연락처
함안교육지원청Wee센터	055 – 580 – 8048
함양교육지원청Wee센터	055 – 960 – 2723
합천교육지원청Wee센터	055 – 930 – 7060
－ 경북	
경산교육지원청Wee센터	053 – 810 – 7508
경주교육지원청Wee센터	054 – 743 – 7142
고령교육지원청Wee센터	054 – 950 – 2592
구미교육지원청Wee센터	054 – 465 – 6279
군위교육지원청Wee센터	054 – 380 – 8240
김천교육지원청Wee센터	054 – 420 – 5288
문경교육지원청Wee센터	054 – 550 – 5531
봉화교육지원청Wee센터	054 – 679 – 1790
상주교육지원청Wee센터	054 – 531 – 9940
성주교육지원청Wee센터	054 – 930 – 2075
안동교육지원청Wee센터	054 – 859 – 9501
영덕교육지원청Wee센터	054 – 730 – 8015
영양교육지원청Wee센터	054 – 680 – 2281
영주교육지원청Wee센터	054 – 630 – 4214
영천교육지원청Wee센터	054 – 330 – 2328
예천교육지원청Wee센터	054 – 650 – 2552
울릉교육지원청Wee센터	054 – 790 – 3032
울진교육지원청Wee센터	054 – 782 – 9915
의성교육지원청Wee센터	054 – 830 – 1125
청도교육지원청Wee센터	054 – 370 – 1122
청송교육지원청Wee센터	054 – 874 – 9360
칠곡교육지원청Wee센터	054 – 979 – 2129
포항교육지원청Wee센터	054 – 244 – 2090
－ 대구	
경북Wee센터	053 – 326 – 9279
남부교육지원청Wee센터	053 – 234 – 0151
달성교육지원청Wee센터	053 – 235 – 0060
대구가톨릭Wee센터	053 – 654 – 1388
대동Wee센터	053 – 746 – 7380
동부교육지원청Wee센터	053 – 232 – 0022
동산Wee센터	053 – 431 – 0288

기관명	연락처
서부교육지원청Wee센터	053 – 233 – 0023
영남Wee센터	053 – 217 – 2323
－ 세종	
세종시교육청 세종아람Wee센터	044 – 715 – 7979
세종시교육청Wee센터	044 – 320 – 2470
－ 강원	
강릉교육지원청Wee센터	033 – 640 – 1280
고성교육지원청Wee센터	033 – 680 – 6025
동해교육지원청Wee센터	033 – 530 – 3035
삼척교육지원청Wee센터	033 – 570 – 5104
속초양양교육지원청Wee센터	033 – 639 – 6054
양구교육지원청Wee센터	033 – 482 – 8753
영월교육지원청Wee센터	033 – 370 – 1133
원주교육지원청Wee센터	033 – 760 – 5691
인제교육지원청Wee센터	033 – 460 – 1005
정선교육지원청Wee센터	033 – 562 – 5877
철원교육지원청Wee센터	033 – 452 – 1007
춘천교육지원청Wee센터	033 – 259 – 1691
태백교육지원청 Wee센터	033 – 581 – 0804
평창교육지원청Wee센터	033 – 330 – 1794
홍천교육지원청Wee센터	033 – 433 – 9232
화천교육지원청Wee센터	033 – 441 – 9924
횡성교육지원청Wee센터	033 – 340 – 0382
－ 부산	
남부교육지원청Wee센터	051 – 640 – 0205
동래교육지원청Wee센터	051 – 801 – 9190
북부교육지원청Wee센터	051 – 330 – 1361
서부교육지원청Wee센터	051 – 244 – 3266
해운대교육지원청Wee센터	051 – 709 – 0483
－ 제주	
서귀포시교육지원청Wee센터	064 – 730 – 8181
제주시교육청Wee센터	064 – 754 – 1252

기관명	연락처
〈학교밖 청소년 지원센터〉	
- 서울	
용산구 청소년지원센터 꿈드림	02-706-1318
중랑구 청소년지원센터 꿈드림	02-490-0222
강북구 청소년지원센터 꿈드림	02-6715-6665, 6667
도봉구 청소년지원센터 꿈드림	02-950-9646
서울특별시 청소년지원센터 꿈드림	02-2285-1318
노원구 청소년지원센터 꿈드림	02-2091-1388
광진구 청소년지원센터 꿈드림	02-2205-2300
성북구 청소년지원센터 꿈드림	02-3292-1780
동대문구 청소년지원센터 꿈드림	02-2237-1318
중구 청소년지원센터 꿈드림	02-2250-0543
성동구 청소년지원센터 꿈드림	02-2299-1388
은평구 청소년지원센터 꿈드림	02-384-1318
서대문구 청소년지원센터 꿈드림	02-3141-1388
마포구 청소년지원센터 꿈드림	02-3153-5900
강서구 청소년지원센터 꿈드림	02-3662-1388
구로구 청소년지원센터 꿈드림	02-863-1318
금천구 청소년지원센터 꿈드림	02-803-1873
영등포구 청소년지원센터 꿈드림	02-2637-1318
동작구 청소년지원센터 꿈드림	02-834-1358
관악구 청소년지원센터 꿈드림	02-877-9400
서초구 청소년지원센터 꿈드림	070-4858-1837~8
강남구 청소년지원센터 꿈드림	02-2226-8555
송파구 청소년지원센터 꿈드림	02-3402-1318
강동구 청소년지원센터 꿈드림	02-6252-1388
양천구 청소년지원센터 꿈드림	02-2645-1318
- 경기	
경기도 청소년지원센터 꿈드림	031-253-1519
고양시 청소년지원센터 꿈드림	031-970-4032
가평군 청소년지원센터 꿈드림	031-582-2000
과천시 청소년지원센터 꿈드림	02-2150-3991
광명시 청소년지원센터 꿈드림	02-6677-1318

기관명	연락처
광주시 청소년지원센터 꿈드림	031-760-8741
구리시 청소년지원센터 꿈드림	031-565-1388
군포시 청소년지원센터 꿈드림	031-399-1366
김포시 청소년지원센터 꿈드림	031-980-1691~6
남양주시 청소년지원센터 꿈드림	031-590-3951
동두천시 청소년지원센터 꿈드림	031-865-2000
부천시 청소년지원센터 꿈드림	032-325-3002
성남시 청소년지원센터 꿈드림	031-729-9171~6
수원시 청소년지원센터 꿈드림	031-236-1318
시흥시 청소년지원센터 꿈드림	031-318-7100
안산시 청소년지원센터 꿈드림	031-414-1318
안성시 청소년지원센터 꿈드림	070-7458-1311
안양시 청소년지원센터 꿈드림	031-8045-5012
양주시 청소년지원센터 꿈드림	031-8082-4121
양평군 청소년지원센터 꿈드림	031-775-1317
여주시 청소년지원센터 꿈드림	031-882-8889
오산시 청소년지원센터 꿈드림	031-372-4004
용인시 청소년지원센터 꿈드림	031-328-9840
의왕시 청소년지원센터 꿈드림	031-459-1334
의정부시 청소년지원센터 꿈드림	031-828-9571
이천시 청소년지원센터 꿈드림	031-634-2777
파주시 청소년지원센터 꿈드림	031-946-0022
평택시 청소년지원센터 꿈드림	031-692-1306~8
포천시 청소년지원센터 꿈드림	031-538-3398
하남시 청소년지원센터 꿈드림	031-790-6304~5
화성시 청소년지원센터 꿈드림	031-278-0179
- 인천	
인천광역시 청소년지원센터 꿈드림	032-721-2300
계양구 청소년지원센터 꿈드림	032-547-0853

기관명	연락처
미추홀구 청소년지원센터 꿈드림	032 – 868 – 9846 ~ 7
남동구 청소년지원센터 꿈드림	032 – 453 – 5877 ~ 8
동구 청소년지원센터 꿈드림	032 – 777 – 1383
연수구 청소년지원센터 꿈드림	032 – 822 – 9840 ~ 1
중구 청소년지원센터 꿈드림	032 – 765 – 1009
서구 청소년지원센터 꿈드림	032 – 584 – 1387
부평구 청소년지원센터 꿈드림	032 – 509 – 8916
– 충청북도	
충청북도 청소년지원센터 꿈드림	043 – 257 – 0105~6
청주시 청소년지원센터 꿈드림	043 – 223 – 0753
서청주 청소년지원센터 꿈드림	043 – 264 – 8807 ~ 8
충주시 청소년지원센터 꿈드림	043 – 842 – 2007
제천시 청소년지원센터 꿈드림	043 – 642 – 7949
괴산군 청소년지원센터 꿈드림	043 – 830 – 3828
단양군 청소년지원센터 꿈드림	043 – 421 – 8370
보은군 청소년지원센터 꿈드림	043 – 542 – 1388
영동군 청소년지원센터 꿈드림	043 – 744 – 5700
옥천군 청소년지원센터 꿈드림	043 – 731 – 1388
음성군 청소년지원센터 꿈드림	043 – 872 – 9024
증평군 청소년지원센터 꿈드림	043 – 835 – 4193
진천군 청소년지원센터 꿈드림	043 – 536 – 3430
– 충청남도	
충청남도 청소년지원센터 꿈드림	041 – 554 – 1380
천안시 청소년지원센터 꿈드림	041 – 523 – 1318
공주시 청소년지원센터 꿈드림	041 – 854 – 7942
보령시 청소년지원센터 꿈드림	041 – 935 – 1388
아산시 청소년지원센터 꿈드림	041 – 544 – 1388
서산시 청소년지원센터 꿈드림	041 – 669 – 2000
논산시 청소년지원센터 꿈드림	041 – 736 – 2041
계룡시 청소년지원센터 꿈드림	042 – 841 – 0343
당진시 청소년지원센터 꿈드림	041 – 360 – 6961

기관명	연락처
금산군 청소년지원센터 꿈드림	041 – 751 – 1383
서천군 청소년지원센터 꿈드림	041 – 953 – 4040
청양군 청소년지원센터 꿈드림	041 – 942 – 1387
홍성군 청소년지원센터 꿈드림	041 – 642 – 1388
예산군 청소년지원센터 꿈드림	041 – 335 – 1388
태안군 청소년지원센터 꿈드림	041 – 674 – 2800
– 대전	
대전광역시 청소년지원센터 꿈드림	042 – 222 – 1388
서구 청소년지원센터 꿈드림	042 – 527 – 1388
유성구 청소년지원센터 꿈드림	042 – 826 – 1388
– 세종	
세종특별시 청소년지원센터 꿈드림	044 – 868 – 1318
– 전라북도	
전라북도 청소년지원센터 꿈드림	063 – 273 – 1388
김제시 청소년지원센터 꿈드림	063 – 545 – 0112
정읍시 청소년지원센터 꿈드림	063 – 531 – 3000
전주시 청소년지원센터 꿈드림	063 – 227 – 1005
무주군 청소년지원센터 꿈드림	063 – 324 – 6688
완주군 청소년지원센터 꿈드림	063 – 291 – 3303
익산시 청소년지원센터 꿈드림	063 – 852 – 1388
군산시 청소년지원센터 꿈드림	063 – 468 – 2870
순창군 청소년지원센터 꿈드림	063 – 652 – 1388
남원시 청소년지원센터 꿈드림	063 – 633 – 1977
– 전라남도	
나주시 청소년지원센터 꿈드림	061 – 335 – 1388
전라남도 청소년지원센터 꿈드림	061 – 242 – 7474
목포시 청소년지원센터 꿈드림	061 – 284 – 0924
여수시 청소년지원센터 꿈드림	070 – 8824 – 1318
순천시 청소년지원센터 꿈드림	061 – 749 – 4236
광양시 청소년지원센터 꿈드림	061 – 795 – 7008
담양군 청소년지원센터 꿈드림	061 – 381 – 1382
곡성군 청소년지원센터 꿈드림	061 – 363 – 9586
보성군 청소년지원센터 꿈드림	061 – 853 – 1381

기관명	연락처
강진군 청소년지원센터 꿈드림	061 – 432 – 1388
해남군 청소년지원센터 꿈드림	061 – 537 – 1318
무안군 청소년지원센터 꿈드림	061 – 454 – 5285
함평군 청소년지원센터 꿈드림	061 – 323 – 9995
영광군 청소년지원센터 꿈드림	061 – 353 – 6188
장성군 청소년지원센터 꿈드림	061 – 393 – 1387
신안군 청소년지원센터 꿈드림	061 – 240 – 8703
– 광주	
광주광역시 청소년지원센터 꿈드림	062 – 376 – 1324
동구 청소년지원센터 꿈드림	062 – 673 – 1318
서구 청소년지원센터 꿈드림	062 – 710 – 1388
남구 청소년지원센터 꿈드림	062 – 716 – 1324
북구 청소년지원센터 꿈드림	062 – 268 – 1318
광산구 청소년지원센터 꿈드림	062 – 951 – 1378
– 경상북도	
칠곡군 청소년지원센터 꿈드림	054 – 971 – 0425
고령군 청소년지원센터 꿈드림	054 – 956 – 1320
봉화군 청소년지원센터 꿈드림	054 – 674 – 1318
경상북도 청소년지원센터 꿈드림	054 – 850 – 1003
포항시 청소년지원센터 꿈드림	054 – 240 – 9171
경주시 청소년지원센터 꿈드림	054 – 760 – 7744 ~5
김천시 청소년지원센터 꿈드림	054 – 431 – 2009
안동시 청소년지원센터 꿈드림	054 – 841 – 7937
구미시 청소년지원센터 꿈드림	054 – 472 – 2000, 1388
영주시 청소년지원센터 꿈드림	054 – 639 – 5865
영천시 청소년지원센터 꿈드림	054 – 338 – 2000
상주시 청소년지원센터 꿈드림	054 – 537 – 6723 ~4
문경시 청소년지원센터 꿈드림	054 – 550 – 6600
경산시 청소년지원센터 꿈드림	053 – 815 – 4106
울진군 청소년지원센터 꿈드림	054 – 789 – 5436

기관명	연락처
– 경상남도	
창녕군 청소년지원센터 꿈드림	055 – 532 – 2000
창원시 마산 청소년지원센터 꿈드림	055 – 225 – 7293
경상남도 청소년지원센터 꿈드림	055 – 711 – 1336
창원시 청소년지원센터 꿈드림	055 – 225 – 3893 ~4
진주시 청소년지원센터 꿈드림	055 – 744 – 8484
통영시 청소년지원센터 꿈드림	055 – 644 – 2000
사천시 청소년지원센터 꿈드림	055 – 832 – 7942
김해시 청소년지원센터 꿈드림	055 – 324 – 9190
밀양시 청소년지원센터 꿈드림	055 – 352 – 0924
거제시 청소년지원센터 꿈드림	055 – 639 – 4980
양산시 청소년지원센터 꿈드림 (본소)	055 – 372 – 2000
양산시 청소년지원센터 꿈드림 (음상분소)	055 – 367 – 1318
의령군 청소년지원센터 꿈드림	055 – 573 – 1388
함안군 청소년지원센터 꿈드림	055 – 583 – 0921
고성군 청소년지원센터 꿈드림	055 – 670 – 2921
남해군 청소년지원센터 꿈드림	055 – 864 – 7962
하동군 청소년지원센터 꿈드림	055 – 884 – 3001
산청군 청소년지원센터 꿈드림	055 – 970 – 6591
함양군 청소년지원센터 꿈드림	055 – 963 – 7922
거창군 청소년지원센터 꿈드림	055 – 940 – 3969
합천군 청소년지원센터 꿈드림	055 – 930 – 3911
– 대구	
대구광역시 청소년지원센터 꿈드림	053 – 431 – 1388 ~7
중구 청소년지원센터 꿈드림	053 – 422 – 2121
동구 청소년지원센터 꿈드림	053 – 963 – 9400
서구 청소년지원센터 꿈드림	053 – 216 – 8310
남구 청소년지원센터 꿈드림	053 – 652 – 5656
북구 청소년지원센터 꿈드림	053 – 384 – 6985
수성구 청소년지원센터 꿈드림	053 – 666 – 4205 ~6

기관명	연락처
달서구 청소년지원센터 꿈드림	053 – 592 – 1378
달성군 청소년지원센터 꿈드림	053 – 617 – 1388
－ 강원도	
속초시 청소년지원센터 꿈드림	033 – 635 – 0924
강원도 청소년지원센터 꿈드림	033 – 257 – 9805
강릉시 청소년지원센터 꿈드림	033 – 655 – 1388
동해시 청소년지원센터 꿈드림	033 – 535 – 1038
영월군 청소년지원센터 꿈드림	033 – 375 – 1318
원주시 청소년지원센터 꿈드림	033 – 813 – 1318, 1319
정선군 청소년지원센터 꿈드림	033 – 591 – 1311
철원군 청소년지원센터 꿈드림	033 – 450 – 5388
홍천군 청소년지원센터 꿈드림	033 – 432 – 1386
춘천시청소년지원센터 꿈드림	033 – 818 – 1318
－ 울산	
울산광역시 청소년지원센터 꿈드림	052 – 227 – 2000
남구 청소년지원센터 꿈드림	052 – 291 – 1388
동구 청소년지원센터 꿈드림	052 – 232 – 5900
울주군 청소년지원센터 꿈드림	052 – 229 – 9634 ~5
북구 청소년지원센터 꿈드림	052 – 283 – 1388
－ 부산	
부산광역시 청소년지원센터 꿈드림	051 – 304 – 1318
강서구 청소년지원센터 꿈드림	051 – 972 – 4595
금정구 청소년지원센터 꿈드림	051 – 714 – 2079
기장군 청소년지원센터 꿈드림	051 – 792 – 4926 ~7
남구 청소년지원센터 꿈드림	051 – 621 – 4831
동래구 청소년지원센터 꿈드림	051 – 558 – 8833
부산진구 청소년지원센터 꿈드림	051 – 868 – 0950
북구 청소년지원센터 꿈드림	051 – 334 – 3003
사상구 청소년지원센터 꿈드림	051 – 316 – 2214
사하구 청소년지원센터 꿈드림	051 – 207 – 7179
서구 청소년지원센터 꿈드림	051 – 714 – 0701

기관명	연락처
수영구 청소년지원센터 꿈드림	051 – 759 – 8422
연제구 청소년지원센터 꿈드림	051 – 507 – 7658
영도구 청소년지원센터 꿈드림	051 – 405 – 5224
해운대구 청소년지원센터 꿈드림	051 – 715 – 1377 ~9
－ 제주	
제주특별자치도 청소년지원센터 꿈드림	064 – 759 – 9951
제주시 청소년지원센터 꿈드림	064 – 725 – 7999
서귀포시 청소년지원센터 꿈드림	064 – 763 – 9191

노인 관련 기관

기관명	연락처
〈노인보호전문기관〉	
중앙	02 – 3667 – 1389
서울남부	02 – 3472 – 1389
서울북부	02 – 921 – 1389
경기남부	031 – 736 – 1389
경기서부	032 – 683 – 1389
경기북부	031 – 821 – 1461
인천	032 – 426 – 8792~4
충북	043 – 259 – 8120~2
충북북부	043 – 846 – 1380~2
충남	041 – 534 – 1389
충남남부	041 – 734 – 1388,1389
대구남부	053 – 472 – 1389
대구북부	053 – 357 – 1389
전북	063 – 273 – 1389
전북서부	063 – 443 – 1389
전남	061 – 753 – 1389
전남서부	061 – 281 – 2391
광주	062 – 655 – 4155~7
경북	054 – 248 – 1389
경북서북부	054 – 655 – 1389,1390
경북서남부	054 – 436 – 1390
경남	055 – 222 – 1389
경남서부	055 – 754 – 1389
대전	042 – 472 – 1389
강원도	033 – 253 – 1389
강원동부	033 – 655 – 1389
강원남부	033 – 744 – 1389
울산	052 – 265 – 1380,1389
부산동부	051 – 468 – 8850
부산서부	051 – 867 – 9119
제주	064 – 757 – 3400
제주서귀포시	064 – 763 – 1999
한국노인의전화	062 – 351 – 5070

건강가정 · 다문화가족지원센터

기관명	연락처
〈건강가정 · 다문화가족지원센터〉 − 서울	
강남구	02 − 3412 − 2222
강동구	02 − 471 − 0812, 02 − 473 − 4986
강북구	02 − 987 − 2567
강서구	02 − 2606 − 2017
관악구 관악구 (2센터)	02 − 883 − 9383, 02 − 883 − 9390
광진구	02 − 458 − 0622
구로구	02 − 830 − 0450
금천구	02 − 803 − 7747
노원구	02 − 979 − 3501
도봉구	02 − 995 − 6800
동대문구	02 − 957 − 0760
동작구	02 − 599 − 3301, 02 − 599 − 3260
마포구	02 − 3142 − 5482, 02 − 3142 − 5027
서대문구	02 − 322 − 7595
서울시	02 − 318 − 0227
서초구 서초구 (2센터)	02 − 576 − 2852
성동구	02 − 3395 − 9447
성북구	02 − 3290 − 1660, 02 − 922 − 3304
송파구	02 − 443 − 3844
양천구	02 − 2065 − 3400
영등포구	02 − 2678 − 2193
용산구	02 − 797 − 9184
은평구	02 − 376 − 3761
종로구	02 − 764 − 3524
중구	02 − 2279 − 3891
중랑구	02 − 435 − 4142
− 경기	
가평군	070 − 7510 − 5871

기관명	연락처
경기도	031 − 8008 − 8008
고양시	031 − 969 − 4041
과천시	02 − 503 − 0070
광명시	02 − 2615 − 0453
광주시	031 − 798 − 7137
구리시	031 − 556 − 3874
군포시	031 − 392 − 1811
김포시	031 − 996 − 5920
남양주시	031 − 556 − 8212
동두천시	031 − 863 − 3801, 031 − 863 − 3802
부천시	032 − 326 − 4212
성남시	031 − 755 − 9327
수원시	031 − 245 − 1310,1
시흥시	031 − 317 − 4522, 031 − 317 − 4524
안산시	031 − 501 − 0033
안성시	031 − 677 − 9336, 031 − 677 − 7191
안양시	031 − 8045 − 5572
양주시	031 − 858 − 5681
양평군	031 − 775 − 5957
여주시	031 − 886 − 0321
연천군	031 − 835 − 0093
오산시	031 − 378 − 9766, 031 − 372 − 1335
용인시	031 − 323 − 7131
의왕시	031 − 429 − 8931
의정부시	031 − 878 − 7117, 031 − 878 − 7880
이천시	031 − 637 − 5525
파주시	031 − 949 − 9161
평택시	031 − 615 − 3952
포천시	1577 − 9337, 031 − 532 − 2062
하남시	031 − 790 − 2966
화성시	031 − 267 − 8787
− 인천	
강화군	032 − 932 − 1005, 032 − 933 − 0980

기관명	연락처
계양구	032 – 547 – 1017
남동구	032 – 467 – 3904
미추홀구	032 – 875 – 2993
부평구	032 – 508 – 0121
연수구	032 – 851 – 2730
인천동구	032 – 760 – 4904
인천서구	032 – 569 – 1560
인천중구	032 – 763 – 9337
– 충청북도	
괴산군	043 – 832 – 1078
음성군	043 – 873 – 8731
제천시	043 – 645 – 1995
증평군	043 – 835 – 3572
진천군	043 – 537 – 5435
청주시	043 – 263 – 1817
충주시	043 – 857 – 5960
– 충청남도	
공주시	041 – 853 – 0881
금산군	041 – 750 – 3990
논산시	041 – 733 – 7800
당진시	041 – 360 – 3200
보령시	041 – 934 – 3133
서산시	041 – 664 – 2710
서천군	041 – 953 – 3808
아산시	041 – 548 – 9772
예산군	041 – 332 – 1366
천안시	070 – 7733 – 8300
태안군	041 – 670 – 2523, 041 – 670 – 2396
홍성군	041 – 631 – 9337
– 대전	
대전서구	042 – 520 – 5928
대전시	042 – 252 – 9989, 042 – 932 – 9995
– 세종	
세종시	044 – 862 – 9336
– 전라북도	

기관명	연락처
군산시	063 – 443 – 5300
남원시	063 – 631 – 6700
무주군	063 – 322 – 1130
완주군	063 – 261 – 1033
익산시	063 – 838 – 6046
진주시	063 – 231 – 0182
정읍시	063 – 535 – 1283
– 전라남도	
강진군	061 – 433 – 9004
곡성군	061 – 362 – 5411
광양시	061 – 797 – 6800
구례군	061 – 781 – 8003
나주시	061 – 331 – 0709
목포시	061 – 247 – 2311
보성군	061 – 852 – 2664
순천시	061 – 750 – 5353
여수시	061 – 659 – 4167
영광군	061 – 353 – 8880
영암군	061 – 463 – 2929
완도군	061 – 555 – 4100
장성군	061 – 393 – 5420
장흥군	061 – 864 – 4813
함평군	061 – 324 – 5431
해남군	061 – 534 – 0215, 061 – 534 – 0017
화순군	061 – 375 – 1057
– 광주	
광산구	062 – 959 – 9337
광주남구	062 – 351 – 9337
광주동구	062 – 234 – 5790
광주북구	062 – 430 – 2963
광주서구	062 – 369 – 0072
– 경상북도	
경산시	053 – 816 – 4071
구미시	054 – 443 – 0541
김천시	054 – 431 – 7740

기관명	연락처
상주시	054 – 531 – 3543
안동시	054 – 823 – 6008
영덕군	054 – 730 – 7373
영주시	054 – 634 – 5431
울릉군	054 – 791 – 0205
의성군	054 – 832 – 5440
청도군	054 – 373 – 8131
칠곡군	054 – 975 – 0833
포항시	054 – 244 – 9702
– 경상남도	
경상남도	055 – 716 – 2363
김해시	055 – 329 – 6355
밀양시	055 – 351 – 4404~4407
사천시	055 – 832 – 0345
산청군	055 – 972 – 1018
양산시	055 – 382 – 0988
의령군	055 – 573 – 8400
진주시	055 – 749 – 5445
창녕군	055 – 533 – 1305
창원시	055 – 225 – 3951
창원시마산	055 – 244 – 8745
통영시	055 – 640 – 7741, 7742
하동군	055 – 880 – 6520
함양군	055 – 963 – 2057
– 대구	
달서구	053 – 593 – 1511
달성군	053 – 636 – 7390
대구남구	053 – 471 – 2326, 053 – 475 – 2324
대구동구	053 – 961 – 2202
대구북구	053 – 327 – 2994, 053 – 327 – 2994
대구서구	053 – 355 – 8042, 053 – 341 – 8312
대구중구	053 – 431 – 1230
수성구	053 – 795 – 4300
– 강원	
강릉시	033 – 648 – 3019

기관명	연락처
고성군	033 – 681 – 9333
동해시	033 – 535 – 8377, 033 – 535 – 8378
삼척시	033 – 576 – 0761
속초시	033 – 637 – 2680
양구군	033 – 481 – 8664
양양군	033 – 670 – 2943
영월군	033 – 375 – 8400
원주시	033 – 764 – 8612
인제군	033 – 462 – 3651
정선군	033 – 562 – 3458 / 033 – 563 – 3458
철원군	033 – 452 – 7800
춘천시	033 – 251 – 8014
태백시	033 – 554 – 4003
평창군	033 – 332 – 2063 / 033 – 332 – 2064
홍천군	033 – 433 – 1915
화천군	033 – 442 – 2342
횡성군	033 – 344 – 3458~9
– 울산	
울산남구	052 – 274 – 3136
울산동구	052 – 232 – 3351
울산북구	052 – 286 – 0025
울산중구	052 – 248 – 1103
울주군	052 – 229 – 9600
– 부산	
금정구	051 – 513 – 2131
부산동래구	051 – 506 – 5765
부산시	051 – 330 – 3406
부산진구	051 – 802 – 2900
사상구	051 – 328 – 0042
사하구	051 – 203 – 4588
수영구	051 – 758 – 3073
연제구	051 – 851 – 5002
영도구	051 – 414 – 9605

기관명	연락처
해운대구	051 − 782 − 7002
− 제주	
서귀포시	064 − 760 − 6488
제주시	064 − 725 − 8005, 064 − 725 − 8015

알코올 · 중독 관련 기관

기관명	연락처
한국마약퇴치운동본부 (중앙본부)	02 - 2677 - 2245
한국도박문제관리센터	1336
한국마약퇴치운동본부 (중독재활센터)	02 - 2679 - 0436~7
〈알코올 전문 병원〉	
다사랑중앙병원	1544 - 2838, 031 - 340 - 5040, 5009
진병원	1577 - 1581
카프병원	031 - 810 - 9200
예사랑병원	1566 - 1308, 043 - 298 - 7337
주사랑병원	043 - 286 - 0692
한사랑병원	055 - 722 - 7000, 7004(상담)
다사랑병원	062 - 380 - 3800
〈중독관리 통합지원센터〉 ─ 서울	
강북구중독관리통합지원센터	02 - 989 - 9223
구로중독관리통합지원센터	02 - 2679 - 9353
노원구중독관리통합지원센터	02 - 2116 - 3677
도봉중독관리통합지원센터	02 - 6082 - 6793
─ 경기도	
성남시중독관리통합지원센터	031 - 751 - 2768
수원시중독관리통합지원센터	031 - 256 - 9478
안산시중독관리통합지원센터	031 - 411 - 8445
안양시중독관리통합지원센터	031 - 464 - 0175
파주시중독관리통합지원센터	031 - 948 - 8004
화성시중독관리통합지원센터 (정남분소)	031 - 354 - 6614
화성시중독관리통합지원센터 (동탄분소)	
의정부시중독관리통합지원센터	031 - 829 - 5001

기관명	연락처
─ 인천	
계양구중독관리통합지원센터	032 - 555 - 8765
부평구중독관리통합지원센터	032 - 507 - 3404
인천동구중독관리통합지원센터	032 - 764 - 1183
연수구중독관리통합지원센터	032 - 236 - 9477
인천남동구중독관리통합지원센터	032 - 468 - 6412
─ 충청북도	
청주시중독관리통합지원센터	043 - 272 - 0067
─ 충청남도	
아산시중독관리통합지원센터	041 - 537 - 3332
천안시중독관리통합지원센터	041 - 577 - 8097
─ 대전	
대덕구중독관리통합지원센터	042 - 635 - 8275
대전서구중독관리통합지원센터	042 - 527 - 9125
대전동구중독관리통합지원센터	042 - 286 - 8275
─ 전라북도	
군산시중독관리통합지원센터	063 - 464 - 0061
전주시중독관리통합지원센터	063 - 223 - 4567
─ 전라남도	
목포시중독관리통합지원센터	061 - 284 - 9694
여수시중독관리통합지원센터	061 - 659 - 4255
─ 광주	
광주서구중독관리센터	062 - 654 - 3802
광주북구중독관리센터	062 - 526 - 3370
광주동구중독관리센터	062 - 222 - 5666
광주남구중독관리통합지원센터	062 - 412 - 1461
광주광산구중독관리센터	062 - 714 - 1233
─ 경상북도	
구미중독관리통합지원센터	054 - 474 - 9791

기관명	연락처
포항중독관리통합지원센터	054 – 270 – 4148
– 경상남도	
김해중독관리통합지원센터	055 – 314 – 0317
마산중독관리통합지원센터	055 – 247 – 6994
진주중독관리통합지원센터	055 – 758 – 7801
창원중독관리통합지원센터	055 – 261 – 5011
– 대구	
대구동부중독관리통합지원센터	053 – 957 – 8817
대구서부중독관리통합지원센터	053 – 638 – 8778
– 강원도	
강릉시중독관리통합지원센터	033 – 653 – 9667~8
원주시중독관리통합지원센터	033 – 748 – 5119
춘천시중독관리통합지원센터	033 – 255 – 3482
– 울산	
울산남구중독관리통합지원센터	052 – 275 – 1117
울산중구중독관리통합지원센터	052 – 245 – 9007
– 부산	
부산중독관리통합지원센터	051 – 246 – 7574
부산북구중독관리통합지원센터	051 – 362 – 5482
사상구중독관리통합지원센터	051 – 988 – 1191
해운대중독관리통합지원센터	051 – 545 – 1172
– 제주도	
제주중독관리통합지원센터	064 – 759 – 0911
제주서귀포중독관리통합지원센터	064 – 760 – 6037

범죄 피해 관련 기관

기관	연락처
법무부 인권구조과	02 – 2110 – 3263
대검 피해자인권과	02 – 3480 – 2303~5
검찰청(피해자지원실)	1577 – 2584
범죄피해자지원센터	1577 – 1295
스마일센터	02 – 472 – 1295
대한법률구조공단	132
한국가정법률상담소	1644 – 7077
법률홈닥터	02 – 2110 – 4253
경찰청(피해자지원경찰관)	182
경찰청(피해자보호 담당관실)	02 – 3150 – 2335
〈해바라기센터〉	
– 서울	
서울북부해바라기센터(통합)	02 – 3390 – 4145
서울남부해바라기센터(통합)	02 – 870 – 1700
서울동부해바라기센터	02 – 3400 – 1700
서울해바라기센터(통합)	02 – 3672 – 0365
서울중부해바라기센터(통합)	02 – 2266 – 8276
서울해바라기센터(아동)	02 – 3274 – 1375
– 경기도	
경기북서부해바라기센터 (통합)	031 – 816 – 1375
경기서부해바라기센터	031 – 364 – 8117
경기북동부해바라기센터	031 – 874 – 3117
경기해바라기센터(아동)	031 – 708 – 1375
– 인천	
인천해바라기센터(아동)	032 – 423 – 1375
인천동부해바라기센터	032 – 582 – 1170
인천북부해바라기센터	032 – 280 – 5678
– 충청북도	
충북해바라기센터	043 – 272 – 7117
충북해바라기센터(아동)	043 – 857 – 1375
– 충청남도	
충남해바라기센터	041 – 567 – 7117

기관	연락처
– 대전	
대전해바라기센터(통합)	042 – 280 – 8436
– 전라북도	
전북서부해바라기센터	063 – 859 – 1375
전북해바라기센터	063 – 278 – 0117
전북해바라기센터(아동)	063 – 246 – 1375
– 전라남도	
전남서부해바라기센터(통합)	061 – 285 – 1375
전남동부해바라기센터	061 – 727 – 0117
– 광주	
광주해바라기센터	062 – 225 – 3117
광주해바라기센터(아동)	062 – 232 – 1375
– 경상북도	
경북서부해바라기센터	054 – 439 – 9600
경북북부해바라기센터	054 – 843 – 1117
경북동부해바라기센터(통합)	054 – 278 – 1375
– 경상남도	
경남해바라기센터	055 – 245 – 8117
경남해바라기센터(아동)	055 – 754 – 1375
– 대구	
대구해바라기센터	053 – 556 – 8117
대구해바라기센터(아동)	053 – 421 – 1375
– 강원도	
강원동부해바라기센터(통합)	033 – 652 – 9840
강원서부해바라기센터(통합)	033 – 252 – 1375
– 울산	
울산해바라기센터(통합)	052 – 265 – 1375
– 부산	
부산해바라기센터(통합)	051 – 244 – 1375
부산동부해바라기센터	051 – 501 – 9117
– 제주	
제주해바라기센터(통합)	064 – 749 – 5117

기관	연락처
〈스마일센터〉	
스마일센터총괄지원단	02 – 333 – 1295
서울동부스마일센터	02 – 473 – 1295
서울서부스마일센터	02 – 332 – 1295
부산스마일센터	051 – 582 – 1295
인천스마일센터	032 – 433 – 1295
광주스마일센터	062 – 417 – 1295
대구스마일센터	053 – 745 – 1295
대전스마일센터	042 – 526 – 1295
춘천스마일센터	033 – 255 – 1295
전주스마일센터	063 – 246 – 1295
수원스마일센터	031 – 235 – 1295
의정부스마일센터	031 – 841 – 1295
〈범죄피해자지원센터〉	
한국범죄피해자지원중앙센터 (강남구, 관악구, 동작구, 서초구, 종로구, 중구)	02 – 534 – 4901, 1577 – 1295(전국)
서울동부범죄피해자지원센터 (강동구, 광진구, 성동구, 송파구)	02 – 455 – 4954, 5005
서울남부범죄피해자지원센터 (강서구, 구로구, 금천구, 양천구, 영등포구)	02 – 2645 – 1301, 02 – 2644 – 1302
서울서부범죄피해자지원센터 (마포구, 서대문구, 용산구, 은평구)	02 – 3270 – 4504, 4505
서울북부범죄피해자지원센터 (강북구, 노원구, 도봉구, 동대문구, 성북구, 중랑구)	02 – 3399 – 4776
경기북부범죄피해자지원센터 (의정부시, 남양주시, 구리시, 동두천시, 양주시, 포천시, 연천군, 가평군, 철원군)	031 – 820 – 4678, 031 – 873 – 4678
고양·파주지역범죄피해자지원센터 (고양시, 파주시)	031 – 932 – 8291
부천·김포범죄피해자지원센터	032 – 329 – 2580,

기관	연락처
(부천시, 김포시)	032 – 320 – 4671~2
수원지역범죄피해자지원센터 (수원시, 용인시, 오산시, 화성시)	031 – 210 – 4761, 031 – 211 – 0266
성남·광주·하남범죄피해자지원센터 (성남시, 광주시, 하남시)	031 – 715 – 0090, 031 – 736 – 1090
여주·이천·양평범죄피해자지원센터 (이천시, 여주시, 양평군)	031 – 885 – 1188, 031 – 880 – 4510
평택·안성 범죄피해자지원센터 (평택시, 안성시)	031 – 656 – 2828, 031 – 657 – 2828
안산·시흥·광명범죄피해자지원센터 (안산시, 시흥시, 광명시)	031 – 475 – 3310
안양지역범죄피해자지원센터 (안양시, 과천시, 군포시, 의왕시)	031 – 387 – 0050
인천범죄피해자지원센터 (강화군, 계양구, 남구, 동구, 부평구, 서구, 연수구, 옹진군, 중구)	032 – 868 – 4999
춘천지역범죄피해자지원센터 (춘천시, 인제군, 홍천군, 화천군, 양구군)	033 – 244 – 0335, 033 – 240 – 4505
강릉지역범죄피해자지원센터 (강릉시, 동해시, 삼척시)	033 – 641 – 4163, 033 – 660 – 4520
원주·횡성 범죄피해자지원센터 (원주시, 횡성군)	033 – 742 – 3100, 033 – 769 – 4618
속초지역범죄피해자지원센터 (속초시, 고성군, 양양군)	033 – 638 – 1111
영월지역범죄피해자지원센터 (태백시, 영월군, 평창군, 정선군)	033 – 375 – 9119
대전범죄피해자지원센터	042 – 472 – 0082,

기관	연락처
(대덕구,유성구,동구,서구,중구,세종특별자치시,금산군)	0282
홍성지역범죄피해자지원센터 (보령시,서천군,예산군,홍성군)	041 – 631 – 4915, 041 – 631 – 4911
공주·청양범죄피해자지원센터 (공주시,청양군)	041 – 856 – 2828, 041 – 840 – 4559
논산·부여·계룡범죄피해자지원센터 (논산시,계룡시,부여군)	041 – 745 – 2030
서산지역범죄피해자지원센터 (서산시,당진시,태안군)	041 – 660 – 4377, 041 – 667 – 7731
천안·아산범죄피해자지원센터 (아산시,천안시)	041 – 533 – 6090
청주범죄피해자지원센터 (청주시,청원군,보은군,괴산군,진천군,증평군)	043 – 288 – 0141, 043 – 299 – 4678
충주·음성 범죄피해자지원센터 (충주시,음성군)	043 – 856 – 2526, 043 – 841 – 4699
제천·단양 범죄피해자지원센터 (제천시,단양군)	043 – 643 – 1295, 043 – 648 – 1295
영동·옥천 범죄피해자지원센터 (영동군,옥천군)	043 – 742 – 3800, 043 – 740 – 4579
대구·경북 범죄피해자지원센터 (수성구,북구,중구,남구,동구,경산시,영천시,청도군,칠곡군)	053 – 752 – 4444, 053 – 740 – 4440
대구서부범죄피해자지원센터 (달서구,달성군,서구,성주군,고령군)	053 – 573 – 7400, 053 – 573 – 7401
경북북부범죄피해자지원센터 (안동시,영주시,봉화군)	054 – 854 – 7600, 054 – 852 – 7200
경주범죄피해자지원센터 (경	054 – 777 – 1295

기관	연락처
주시)	
포항범죄피해자지원센터 (포항시)	054 – 276 – 8112
김천지역범죄피해자지원센터	054 – 430 – 9091
구미지역범죄피해자지원센터	054 – 462 – 9090
상주·문경·예천범죄피해자지원센터 (상주시,문경시,예천군)	054 – 533 – 6047
의성·군위·청송범죄피해자지원센터 (의성군,군위군,청송군)	054 – 834 – 2820, 054 – 830 – 4548
영덕·울진·영양범죄피해자지원센터 (영덕군 울진군,영양군)	054 – 733 – 9495, 054 – 730 – 4979
부산범죄피해자지원센터 햇살 (금정구,동래구,연제구,부산진구,동구,영도구,중구)	051 – 558 – 8893~4
부산동부범죄피해자지원센터광명 (남구,수영구,해운대구,기장군)	051 – 781 – 1144, 051 – 780 – 4686
부산서부범죄피해자지원센터 (사상구,사하구,북구,강서구,서구)	051 – 205 – 4497
울산범죄피해자지원센터 (남구,동구,북구,울주군,중구, 양산시)	052 – 265 – 9004
경남범죄피해자지원센터 (창원시(성산구, 의창구, 진해구),김해시)	055 – 239 – 4579, 055 – 286 – 8286
진주지역범죄피해자지원센터 '등불' (진주시,사천시,남해군,하동군,산청군)	055 – 748 – 1301
통영·거제·고성범죄피해자지원센터 (거제시,통영시,고성군)	055 – 648 – 6200
밀양·창녕 범죄피해자지원	055 – 356 – 8272

기관	연락처
센터 (밀양시, 창녕군)	
거창·합천·함양범죄피해자 지원센터 (거창군, 합천군, 함양군)	055 – 945 – 2325
마산·함안·의령범죄피해자 지원센터 (창원시마산합포구, 함안군, 창원시마산회원구, 의령군)	055 – 242 – 6688
광주전남범죄피해자지원센터 (광산구, 북구, 서구, 남구, 동 구, 곡성군, 담양군, 장성군, 영 광군, 화순군, 나주시)	062 – 225 – 4752
《(사)한국피해자지원협회》	
(사)한국피해자지원협회 서울서부	02 – 351 – 9926
(사)한국피해자지원협회 서울남부	02 – 782 – 1002
(사)한국피해자지원협회 서울북부	02 – 908 – 0977
(사)한국피해자지원협회 경기동부	031 – 711 – 9278
(사)한국피해자지원협회 경기남부	031 – 211 – 7676
(사)한국피해자지원협회 경기북부	031 – 967 – 3238
(사)한국피해자지원협회 경기북서	031 – 902 – 6480
(사)한국피해자지원협회 인천	032 – 503 – 7179
(사)한국피해자지원협회 충북	043 – 224 – 9517
(사)한국피해자지원협회 충남	041 – 572 – 7004
(사)한국피해자지원협회 전남	061 – 284 – 0075
(사)한국피해자지원협회 전북	063 – 907 – 1112, 063 – 907 – 111

기관	연락처
(사)한국피해자지원협회 대전	042 – 628 – 9517
(사)한국피해자지원협회 강원	033 – 251 – 8840
(사)한국피해자지원협회 대구 경북	053 – 421 – 8117
(사)한국피해자지원협회　경 남울신	055 – 337 – 1525
(사)한국피해자지원협회 부산	051 – 999 – 7612

성폭력 관련 기관

기관명	연락처
〈전국 성폭력 상담소〉	
− 서울	
한국성폭력상담소	02−338−5801
한국성폭력위기센터	02−883−9284~5
장애여성성폭력상담소	02−3013−1367
한사회장애인성폭력상담소	02−2658−1366
이레성폭력상담소	02−3281−1366
벧엘케어상담소	02−896−0401,08
가족과성건강아동청소년상담소	070−8128−1366
천주교성폭력상담소	02−825−1273
한국성폭력상담소	02−338−2890
한국여성민우회 성폭력상담소	02−739−8858
탁틴내일청소년성폭력상담소	02−338−8043
서울여성장애인성폭력상담소	02−3675−4465~6
한국여성의전화 성폭력상담소	02−3156−5400
꿈누리 여성장애인 상담소	02−902−3356
− 경기도	
(사)씨알여성회부설 성폭력상담소	031−797−7031
군포여성민우회성폭력상담소	031−397−8149
남양주가정과성상담소	031−558−1366
동두천성폭력상담소	031−861−5555
부천여성의전화부설 성폭력상담	032−328−9713
부천청소년성폭력상담소	031−655−1366
(사)경원사회복지회부설 여성장애인성폭력상담소	031−755−2526
(사)성남여성의전화부설 성폭력상담소	031−751−2050
안산YWCA 여성과 성 상담소	031−413−9414
안양여성의전화부설 성폭력상담소	031−442−5385
연천 행복뜰상담소	031−832−1315
용인성폭력상담소	031−281−1366
의왕장애인성폭력상담센터	031−462−1366

기관명	연락처
의정부장애인성폭력상담소	031−840−9204
파주성폭력상담소'함께'	031−946−2096
평택성폭력상담소	031−658−6614
포천가족성상담센터	031−542−3171
하남YWCA부설 성폭력상담소	031−796−1274
− 인천	
인구보건복지협회 인천성폭력상담소	032−451−4094
(사)인천장애인지적협회 장애인성폭력상담소	032−424−1366
오내친구장애인성폭력상담소 (장애인)	032−506−5479
− 충청북도	
제천성폭력상담소	043−652−0049
청주여성의전화 청주성폭력상담소	043−252−0966
청주여성장애인성폭력상담소	043−224−9414
인구보건복지협회부설 청주성폭력상담소	043−264−1366
충주성폭력상담소	043−845−1366
− 충청남도	
뎀나무상담지원센터	041−852−1950
장애인성폭력아산상담소 (장애인)	041−541−1514
아산가정성상담지원센터	041−546−9181
천안여성의전화부설 성폭력상담소	041−561−0303
(사)충남성폭력상담소	041−564−0026
천안장애인성폭력상담소	041−592−6500
태안군성인권상담센터	041−675−9536
홍성성가정폭력통합상담소	041−634−9949
− 대전	
동대전장애인성폭력상담소	042−637−1366
대전여성장애인성폭력상담소	042−223−8866

기관명	연락처
대전YWCA 성폭력상담소	042-254-3038
대전성폭력상담소	042-712-1367
- 전라북도	
군산성폭력상담소	063-442-1570
(사)성폭력예방치료센터 김제지부 성폭력상담소	063-546-8366
익산성폭력상담소	063-834-1366
새벽이슬장애인성폭력상담소	063-223-3015
(사)성폭력예방치료센터부설 성폭력상담소	063-236-0152
(사)성폭력예방치료센터 정읍지부 성폭력상담소	063-531-1366
- 광주	
인구보건복지협회 광주성폭력상담소	062-673-1366
광주여성장애인성폭력상담소	062-654-1366
광주여성민우회 성폭력상담소	062-521-1361
- 경상북도	
새경산성폭력상담소	053-814-1318
경산로뎀성폭력상담소	053-853-5276
경주다움성폭력상담센터	054-777-1366
구미여성종합상담소(통합)	054-463-1386
영남여성장애인성폭력상담소	054-443-1365
문경열린종합상담소(통합)	054-555-8207
필그림가정복지상담소(통합)	054-534-9996
경북여성장애인성폭력상담소	054-843-1366
(사)칠곡종합상담센터(통합)	054-973-8290
(사)한마음부설 한마음상담소	054-278-4330
- 대구	
(사)대구여성의전화부설 성폭력상담소	053-471-6484
인구보건복지협회 대구경북지회 성폭력상담소	053-566-1900
- 강원도	
동해가정폭력·성폭력상담소	033-535-4943
(사)속초여성인권센터 속초성	033-637-1988

기관명	연락처
폭력상담소	
영월성폭력상담소	033-375-1366
아라리가족성상담소	033-563-8666
- 울산	
울산장애인인권복지협회부설 울산장애인성폭력상담센터	052-246-1368
울산성폭력상담소	052-245-1366
- 부산	
기장열린성가정상담소	051-531-1366
부산장애인연대부설 성폭력상담소	051-583-7735
인구보건복지협회 성폭력상담소	051-624-5584
다함께 성·가정상담센터	051-357-1377
〈전국 가정폭력상담소〉	
- 서울	
강서양천가정폭력상담소	02-2605-8455
월계우리가족상담소	02-904-0179
동산가정폭력상담소	02-599-7646
(사)한국여성상담센터	02-953-1704
잠실가정폭력상담소	02-2202-7806
남성의전화부설 서울가정폭력상담센터	02-2653-1366
은평가정폭력상담소	02-326-1366
한국가정법률상담소 중구지부 부설 가정폭력상담소	02-2238-6551
- 경기도	
고양YWCA가족사랑상담소	031-919-4040
광명여성의전화 부설 가정폭력상담소	02-2060-0245
(사)가화가족상담센터	031-551-9976
(사)김포여성의전화부설 가정폭력상담소	031-986-0136
부천가정폭력상담소	032-667-2314
사단법인 수원여성의전화 부설 성·가정폭력통합상담소	031-232-7795

기관명	연락처
시흥여성의전화부설 가정폭력상담소	031 – 496 – 9391
경기가정폭력상담소	031 – 419 – 1366
안양YWCA가정폭력상담소	031 – 427 – 1366
양주가정폭력상담소	031 – 8647546
양평가정상담소	031 – 775 – 4983
행가래로 의왕가정,성상담소	031 – 459 – 1311
경기북부가정문제상담소	031 – 876 – 7544
이천가정성상담소	031 – 638 – 7200
한국가정법률상담소 평택안성지부부설가정폭력상담소	031 – 611 – 4252
(사)정해복지부설 하남행복한가정상담소	031 – 794 – 4111
– 인천	
(사)인천내일을여는집 가족상담소	032 – 543 – 7179
중구가정폭력상담소	032 – 761 – 7070
– 충청북도	
음성가정(성)폭력상담소	043 – 873 – 1330
청주가정법률상담소 부설 가정폭력상담소	043 – 257 – 0088
청주YWCA여성종합상담소	043 – 268 – 3007
충주YWCA가정폭력상담소	043 – 842 – 9888
– 충청남도	
주시가족상담센터	041 – 854 – 1366
논산YWCA가정폭력상담소	041 – 736 – 8297
대천가족성통합상담센터	041 – 936 – 7941
서산가족상담지원센터	041 – 668 – 8566
가족성장상담소남성의소리	041 – 572 – 0115
– 대전	
대전가톨릭가정폭력상담소	042 – 636 – 2036
대전열린가정폭력상담소	042 – 625 – 5441
– 전라북도	
군산여성의전화부설가정폭력상담소	063 – 445 – 2285
남원YWCA가정폭력상담소	063 – 625 – 1318

기관명	연락처
한국가정법률상담소익산지부부설가정폭력상담소	063 – 851 – 5113
익산여성의전화부설가정폭력상담소	063 – 858 – 9191
전주가정폭력상담소	063 – 244 – 0227
전주여성의전화부설 가정폭력상담소	063 – 287 – 7325
정읍가정폭력상담소	063 – 535 – 8223
– 전라남도	
광양여성상담센터	061 – 761 – 1254
목포여성상담센터	061 – 285 – 1366
무안열린가정상담센터	061 – 454 – 1365
순천여성상담센터	061 – 753 – 9900
여수여성상담센터	061 – 654 – 5211
영광여성상담센터	061 – 352 – 1322
영암행복한가정상담센터	061 – 461 – 1366
함평열린가정상담센터	061 – 324 – 1366
– 광주	
송광한가족상담센터	062 – 452 – 1366
광주YWCA가정상담센터	062 – 672 – 1355
광주장애인가정상담소	062 – 654 – 0420
광주여성의전화부설 광주여성인권상담소	062 – 363 – 7739
– 경상북도	
경산가정폭력상담소	053 – 814 – 9191
경주가정폭력상담소	053 – 749 – 1366
상주가정문제상담소	054 – 541 – 6116
안동가정법률상담소부설가정폭력상담소	054 – 856 – 4200
영주소백가정상담센터	054 – 638 – 1366
포항YWCA가정폭력상담소	054 – 277 – 5418
(사)포항여성회부설경북여성통합상담소	054 – 284 – 0404
포항로뎀나무가정문제상담소	054 – 262 – 3554
포항생명의전화부설가정폭력상담소	054 – 242 – 0015

기관명	연락처
– 경상남도	
(사)거제가정상담센터	055 – 633 – 7636
고성가족상담소	055 – 673 – 2911
(사)김해여성회부설 가정폭력상담소	055 – 326 – 6253
양산가족상담센터	055 – 362 1366
진주가정폭력상담소	055 – 746 – 7988
마산가정상담센터	055 – 296 – 9126
진해가정상담센터	055 – 551 – 2332
– 대구	
대구여성장애인통합상담소	053 – 637 – 6057, 6058
영남가정폭력상담소	053 – 953 – 2866
대구이주여성상담소	053 – 944 – 2977
대구여성폭력통합상담소	053 – 745 – 4501
– 강원도	
사)강릉여성의전화 부설 해솔상담소	033 – 643 – 1982, 5
강릉가정폭력성폭력상담소	033 – 652 – 9556, 9930
속초YWCA가정폭력상담소	033 – 635 – 3520
원주가정폭력성폭력상담소	033 – 765 – 1366
철원가정폭력상담소	033 – 452 – 1566
춘천가정폭력성폭력상담소	033 – 257 – 4687
태백가정폭력상담소	033 – 554 – 4005
홍천가족상담소	033 – 433 – 1367
행복만들기상담소	033 – 344 – 1366
– 울산	
생명의전화울산지부부설가정·성폭력통합상담소	052 – 265 – 5570
동구가정성폭력통합상담소	052 – 252 – 6778
(사)울산여성회부설북구가정폭력상담소	052 – 287 – 1364
– 부산	
희망의전화 가정폭력상담소	051 – 623 – 1488, 1399

기관명	연락처
(사)부산가정법률상담소 부설 가정폭력관련상담소	051 – 469 – 2987
부산성폭력.가정폭력상담소	051 – 558 – 8833~4
(사)부산여성의전화성·가정폭력상담센터	051 – 817 – 4344
여권문화인권센터 가정폭력상담소	051 – 363 – 3838
사하가정폭력상담소	051 – 205 – 8296
중부산가정폭력상담소	051 – 462 – 7177
〈성매매피해상담소〉	
– 서울	
여성인권상담소 소냐의 집	02 – 474 – 0746
성매매피해상담소 이룸	02 – 953 – 6280
에이레네 상담소	02 – 3394 – 7936
다시함께상담센터	02 – 814 – 3660
여성인권센터 보다	02 – 982 – 0923
십대여성인권센터	02 – 6348 – 1318
– 경기도	
성매매피해상담소 위드어스	031 – 747 – 0117
어깨동무	031 – 222 – 0122
두레방	031 – 841 – 2609
여성인권센터 쉬고	031 – 948 – 8030 031 – 957 – 6117
– 충청북도	
충북여성인권상담소 늘봄	043 – 255 – 8297 043 – 257 – 8297
– 충청남도	
충남여성인권상담센터	041 – 575 – 1366
– 대전	
여성인권지원상담소 느티나무	042 – 223 – 3534
– 전라북도	
현장상담센터	063 – 232 – 8297
– 전라남도	
목포여성인권지원센터	061 – 276 – 8297
순천여성인권지원센터	061 – 753 – 3644, 3654

기관명	연락처
여수여성인권지원센터 새날지기	061 – 662 – 8297
– 광주	
성매매피해상담소 언니네	062 – 232 – 8297
– 경상북도	
경북성매매상담센터 새날	054 – 231 – 1402
– 경상남도	
경남여성인권지원센터	055 – 246 – 8298
여성인권상담소	055 – 273 – 2261
– 대구	
힘내	053 – 422 – 4898 053 – 425 – 4898
민들레	053 – 430 – 6011
– 강원도	
춘천길잡이의 집	033 – 242 – 8296
– 울산	
울산성매매피해상담소	052 – 249 – 8297
– 부산	
여성인권지원센터 살림	051 – 257 – 8297
부산여성지원센터 꿈아리	051 – 816 – 1366 051 – 817 – 8297
– 제주	
제주현장상담센터 해냄	064 – 751 – 8297

저자 소개

육성필

고려대학교에서 심리학 석사를 마치고 서울대학교 정신과에서 임상심리학 레지던트과정을 수료하고 고려대학교에서 임상심리학 박사를 받았다. 로체스터대학교의 자살예방연구소에서 박사후 과정을 하였다. 현재 용문상담심리대학원대학교 위기관리전공 교수로 재직 중이다.

이윤호

고려대학교 상담심리 교육학 석사를 졸업한 후 용문상담심리대학원대학교 위기관리 전공 박사과정을 수료하였다. 현재 한국재난심리연구소 소장으로 재직 중이다.

남옥남

이화여자대학교에서 역사학 석사 졸업, 용문상담심리대학원대학교에서 위기관리전공 석사 졸업, 박사 과정을 수료하였다. 현재 굿씨상담센터, 성북구 건강가정다문화가족지원센터에서 전문상담사로 활동하고 있다.

위기관리총서 시리즈 2 -현장에서의 위기개입워크북

위기의 이해와 개입

초판발행	2019년 2월 25일
엮은이	육성필·이윤호·남옥남
펴낸이	노 현
편 집	김명희·강민정
기획/마케팅	노 현
표지디자인	조아라
제 작	우인도·고철민
펴낸곳	㈜ 피와이메이트
	서울특별시 금천구 가산디지털2로 53 한라시그마밸리 210호(가산동)
	등록 2014. 2. 12. 제2018-000080호
전 화	02)733-6771
f a x	02)736-4818
e-mail	pys@pybook.co.kr
homepage	www.pybook.co.kr
I S B N	979-11-89643-25-6 94370
	979-11-89643-24-9 (세트)

copyright©육성필·이윤호·남옥남, 2019, Printed in Korea

정 가   12,000원